KB097141

당신의
작업복
이야기

당신의
작업복
이야기

차별과 위험으로 박음질된
일터의 옷들

경향신문 작업복 기획팀

오월의봄

일러두기

• 이 책은 2023년 6월 19일부터 7월 12일까지 《경향신문》에 연재된 기획 시리즈 〈당신은 무슨 옷을 입고 일하시나요〉를 바탕으로 작업한 것이다.
• 인터뷰에 참여한 각 현장 노동자들 중 가명을 사용한 경우 별도로 표시했다.
• 본문에 쓰인 사진 중 별도의 저작권 표기가 없는 것은 모두 성동훈·권도현의 사진이다 (270쪽 '바이라인' 참조).

"뭐 입고 일하냐고요? 글쎄……" 사람들에게 '작업복'에 대해 물었을 때 첫 반응은 대체로 비슷했습니다. 별로 생각해본 적이 없다고 했습니다. 막상 인터뷰를 시작하면 모두 할 말이 많았습니다. 누군가는 새 작업복을 받고도 예전 회사의 작업복을 입고 일했습니다. 누군가는 자기 몸에 맞지 않는 작업복을 직접 고쳐 입었습니다. 같은 일을 하지만 다른 작업복을 받는 이들도 있었습니다. 처음엔 불편하고 화도 났지만 시간이 지나면서 익숙해져 잊고 있던 이야기들이 쏟아져 나왔습니다.

《당신의 작업복 이야기》는 경향신문 작업복 기획팀이 2023년 6~7월 연재한 기획 시리즈 〈당신은 무슨 옷을 입고 일하시나요〉를 책으로 엮은 것입니다. 기획팀은 2023년 4월부터 두 달간 전국 각지의 노동자들을 만나 그들의 작업복 이야기를 들었습니다. 이들이 일할 때 입는 옷을 통해 일터 환경과 안전, 건강, 차별 등의 문제를 살펴봤습니다.

취재에 들어가기 전, 저희 나름대로 작업복의 범위를 정했습니다. 보통 작업복이라고 하면 제조업 생산직 노동자들이 입는 옷만 떠올립니다. 저희는 일터에서 일할 때 입는 옷은 모두

'작업복'이라고 부르기로 했습니다. 회사가 작업용으로 지급하지 않았어도 일할 때 입는다면 작업복으로 부르기로 한 것입니다. 여기에는 서비스 노동자의 '유니폼'도 들어갑니다. '작업'이라는 단어가 주는 무게를 서비스 노동에도 부여하고 싶었습니다. 의복뿐 아니라 일의 특성상 필요한 장갑이나 신발같이 '몸에 붙는 모든 것'을 작업복의 범주에 넣었습니다.

작업복은 왜 존재하는 것일까요. 취재에 들어가기 전 세운 가설은 간단했습니다. 일을 더 잘하기 위해서. 일하는 사람을 보호하기 위해서. 막상 취재를 하면서 본 현실은 생각보다 복잡했습니다. 어떤 작업복은 일의 능률을 올리기보다는 오히려 방해가 됐습니다. 일하는 사람이 아닌 다른 대상을 보호하기 위한 목적으로 입는 작업복도 있었습니다. 일하는 사람을 전혀 보호하지 못하는 것은 아니지만, 하루 6시간 이상 입고 있기엔 너무 불편한 작업복도 있었습니다. 어떤 작업복은 일의 내용과 상관없이 남에게 보여주기 위한 목적으로 입어야 하기도 했습니다. 기획팀은 여러 작업복을 입는 사람들의 이야기를 따라가봤습니다. 이들이 어떤 옷을 입고 일하는지, 그 옷이 일할 때 입기에 어떤지, 왜 그런 옷을 입고 일하게 되었는지에 대한 이야기를 들었습니다.

사실 작업복만 바뀐다고 일터의 모든 문제가 해결되진 않을 것입니다. 아마 작업복만이 문제가 아닌 현장이 대부분일 것입니다. 다만 저희는 작업복이 누군가가 일을 하기 위한 '최소한의 조건'이라는 관점에서 접근했습니다. 많은 사람들이 하루 중 가장 긴 시간을 일하는 데 씁니다. 그 시간 동안 내 몸에 닿아 있는 것, 내 일을 효율적으로 할 수 있도록 도움을 줄 수도, 끊임없이 불편하게 할 수도 있는 것, 일하는 나를 보호해줄 수 있는 것, 내 권위를 나타낼 수 있는 것, 작업복. 작업복이 일에 도움이 되는지, 일하는 사람이 그것을 선택할 수 있는지 같은 문제는 누군가의 일상을 결정짓는 중요한 요소입니다.

일터의 작업복은 우리 사회가 어디쯤 와 있는지 가늠해볼 수 있는 지표이기도 합니다. 사회에 꼭 필요한 일을 하지만 눈에 띄지 않는 곳에 있는 사람들. 사업장의 '표준'에서 벗어난 소수의 사람들. 재난 현장의 한가운데서 일하는 사람들. 누군가 먹을 밥을 짓는 일을 하는 사람들은 그 최소한의 조건이 충족된 환경에서 일하고 있을까요?

책에는 여러 작업복을 입은 노동자들의 사진이 등장합니다. 사진을 유심히 보면, 작업복을 입고 포즈를 취한 노동자들의 머리 위에는 모두 밝은 핀 조명이 켜져 있습니다. 조명 아래 선 노동자들의 모습은 배경에서 뚝 떨어져 나온 것처럼 어딘가 어색해 보입니다. 사진의 배경이 된 일터와 그 안에서 기능적으로 부족한 작업복을 입고 일하는 사람을 분리해 보여주기 위해 의도적으로 조명을 카메라 앵글 안으로 들였습니다. 조명 아래 선 이들의 어색한 모습은 저희 기획팀에게 자연스레 '어떤 작업복이 좋은 작업복인가'라는 질문을 던지게 만들었습니다. 저희의 기획 시리즈, 그리고 그것을 바탕으로 한 이 책은 그 질문에 대한 나름의 답을 찾아가는 과정입니다.

1부.
오물을 뒤집어쓰는 옷

"똥물에서
일한다고
옷도 똥색이어야
하나요?"

"맨홀 아래에서 일하는 사람들의 이야기는 어때?"

지하에서 일하는 사람들의 옷을 들여다보면 좋겠다는 의견이 나온 건 작업복 기획팀의 회의가 한창 진행되던 무렵이었다. 우리는 본격적인 취재를 시작하기 전부터 어떤 직업군을 통해 어떤 이야기를 할 수 있을지 함께 논의했다. 미나리를 재배하는 농사꾼의 작업복은 어떨까. 석탄 발전소에서 일하는 사람은 또 어떨까. 반대로 IT 직군 개발자처럼 복장 규정이 아예 없는 곳은? 세상 모든 일터가 다 튀어나오는 게 아닐까 싶을 때쯤 맨홀이라는 아이디어가 나왔다. 우리가 매일같이 보고 그 위를 걸어가지만, 존재조차 잘 인식하지 못하는 구멍. 그 아래에서 일하는 사람들의 옷은 어떨까?

맨홀은 땅속에 묻은 수도관이나 하수관, 배선 따위를 검사하거나 수리·청소하기 위해 사람이 드나들 수 있게 만든 구멍이다. 지면에서 땅 아래로 바로 이어지는 이 작은 구멍을 통해 우리는 물이 잘 흘러가는지, 통신 장비가 망가진 건 아닌지 쉽게 확인할 수 있다. 서울 시내만 해도 수십만 개의 맨홀이 있는데, 이 중 하나만이라도 작업자를 따라 직접 들어가보면 좋지 않을까. 이게 얼마나 안일한 생각이었는지 깨닫기까지는 그리 많은 시간이 필요하지 않았다.

맨홀이라고 다 같지 않다. 맨홀 아래 상·하수도관, 도시가스관, 통신관 등 설치되어 있는 것이 전부 다르고, 따라서 관리 주체도 다르다. 하수도의 경우 지자체에서 직접 관리하고 있지만, 최근엔 수리나 정비가 필요할 때마다 용역 업체와 계약을 맺는 방식으로 바뀌는 추세다. 밀폐 작업 때 발생하는 안전사고나 도로 한복판에서 작업할 때 벌어지는 교통사고 등 각종 위험 때문이다. 통신선이나 난방선이 흐르는 맨홀은 그 아래로 들어가 사진과 영상을 촬영할 만한 공간조차 확보하기 어려웠다.

고민 끝에 하수처리장으로 범위를 넓혀보기로 했다. 맨홀 아래 하수도관을 따라 흐르는 물은 어디로 흘러갈까. 물은 어떤 작업을 거쳐 방류될까. 거기서 오수를 직접 다뤄야 하는 작업자들은 무슨 옷을 입고 일할까.

서울을 비롯해 수도권 곳곳의 하수처리장에 연락했다. 하지만 대부분 취재 요청을 거절했다. '작업 환경이 좋지 않다 보니, 언론에 그 모습이 드러나는 게 꺼려진다'는 게 이유였다.

경기 하남시에 있는 유니온파크는 사진 촬영을 허락해준 유일한 시설이었다. 인터뷰와 사진 촬영을 포함해 총 세 번을 다녀왔다. 하수처리장에 처음 가던 날, 나는 여벌의 옷을 챙겨 갔다. 전화로 먼저 인터뷰했던 작업자 이승훈씨가 "옷에 냄새가 다 밴다. 정말 괜찮겠냐"며 몇 번이나 물어봤기 때문이다.

화장실에서 옷을 갈아입고 그를 따라 하수처리장에 내려갈 때도 그는 계속 내가 악취 때문에 고생할 것을 걱정하고 있었다. 그러면서 정작 본인은 덤덤했다. 작업 과정을 설명하는 와중에도 목장갑 하나만 끼고 아무렇지 않게 오물을 만졌다. 고작 몇 시간 둘러보기만 하는 주제에, 나 혼자 유난을 떨어댄 것 같아 머쓱해졌다.

하수처리장의 구조는 예상보다 훨씬 더 복잡하고 어려웠다. 사람 키를 훌쩍 넘는 크기의 파이프 사이사이를 가로질러 가는가 하면, 쇠판으로 된 사다리식 계단을 밟아 오르락내리락하면서 기계를 점검해야 했다. 머릿속으로 그렸던 하수처리장은 수조 정도였는데, 실제로 본 공간은 거대한 기계실에 가까웠다.

물이 빠른 속도로 흘러가는 소리, 기계가 돌아가는 소음이 뒤엉켜 상대방의 말소리가 잘 들리지 않았다. 인터뷰를 제대로 하기 어려울 것 같아 걱정하던 와중에 한 공간 앞에서 발걸음이 멈췄다. 하수처리장 안에서도 가장 낮고 깊은 지하에 자그마한 사무실이 있었다. 하수처리 과정이 제대로 이루어지고 있는지 모니터를 통해 확인할 수 있는 곳이다. 물론 제대로 된 환기 시설이 없고, 소음도 크게 차단되지는 않는다. 그래도 작업자들에게는 소중한 휴게 공간이다.

문과 벽으로 나름 분리되어 있는데도 냄새가 너무 심해 1급 방진 마스크를 벗지 못하는 나를 보고 다른 작업자가 "조금만 지나면 괜찮아진다"고 말했다. 하지만 그렇지 않았다. 인터뷰를 하느라 1시간이 넘어가자 머리가 띵하게 아파왔다. 눈은 뻑뻑하고, 입은 바짝 말라갔다.

이런 곳에서 도대체 어떻게 매일 일할 수 있을까. 왜 여기서 계속 일하는 걸까. 이런 질문이 저절로 튀어나왔다. 이승훈씨의 답은 간단했다. '좋아하는 일'이라서 그렇다고 했다. 사람들이 쓴 더러운 물을 깨끗이 만들어 다시 강으로 돌려보내는 일, 아무도 알아주지 않지만 사람들의 생활과 건강에 영향을 미치는 일에 보람을 느낀다고. "시설이, 환경이 안 좋다고 자꾸 가리고 숨기면 더 나빠지기만 한다. 우리가 무슨 일을 하는지, 이 일이 얼마나 보람차고 의미 있는 일인지 더 많은 사람들이 알아줬으면 좋겠다. 그래야 뭐라도 바뀐다."

작업복 기획 시리즈의 첫 시작을 연 하수처리 노동자편은 이렇게 아무도 모르는 지하의 이야기를 지상으로 퍼 올린다는 마음으로 썼다.

지하 세계의 노동자

경기 하남시에 있는 환경기초시설 유니온파크의 지하
하수처리장. 5월의 푸릇푸릇한 녹지대 아래로 엘리베이터를
타고 내려가자, 지하 4층에선 마치 다른 세상처럼 후텁지근하고
눅눅한 공기가 훅 끼쳤다.

숨을 한번 들이마시자 너무나 익숙하지만 결코 적응하기
어려운 냄새가 코를 찔렀다. 온몸이 찌르르 떨릴 정도의
암모니아 냄새다. 나도 모르게 헙, 하고 입을 다물자 하수처리
작업자 이승훈씨가 옅게 웃었다. "오늘은 그래도 약한 편이에요.
원래 오수 찌꺼기 처리 작업 때 냄새가 정말 많이 나는데, 마침 그
기계가 고장 나서…… 평소엔 이 냄새의 몇 배인데요, 뭘."

땅속 25미터, 우리가 쓰고 버린 물을 처리하는 사람들이
있다. 휘황한 복합 쇼핑시설 스타필드와 신세계백화점에서 딱
횡단보도 하나만 건너면 갈 수 있는 하남 유니온파크는 지상에
전망대와 물놀이장, 풋살장이 꾸며져 있어 지역 주민들에게
인기가 많다.

하지만 이곳을 찾는 어느 누구도 그 아래에 노동자가
있다는 사실은 알지 못한다. 이곳은 시민들이 매일 화장실에서,
목욕탕에서, 식당에서 쓰고 버린 물을 한강으로 방류하기 전
정화하는 시설이다. 이승훈씨의 말마따나 "똥물에 들어갔다
나오는" 것처럼 더럽고 어렵고 위험하지만, 이들은 수백만
시민의 건강과 안전을 위해 보이지 않는 곳에서 분투한다.

이날 이승훈씨가 맡은 작업은 수조 청소였다. 폴리에스터 작업복 셔츠와 바지를 입은 그는 그 위에 부직포 재질의 방진복을 껴입고, 마지막으로 헬멧을 쓴 뒤 가슴장화(어깨장화)까지 신었다. 어촌에서 갯벌 체험을 할 때 볼 수 있는 복장이었다. 기다란 장대가 달린 청소용 솔을 들고 철제 계단을 밟아 수조로 내려가자, 물은 그의 허리 아래에서 찰랑거렸다.

오물·악취와 싸우며

빛이 들지 않는 건 물론이고 환기도 제대로 되지 않는 이곳에서 이승훈씨를 비롯한 노동자들은 악취, 더위, 습기와 싸운다. 작업을 시작한 지 10분 만에 휴대용 온·습도계에 '30도', '84퍼센트'라는 숫자가 찍혔다. 여름철 장마 기간 평균 습도와 비슷하다. 거기다 바람이 잘 통하지 않는 옷까지 껴입으니 갑갑함은 배가 된다. 마치 물속에 있는 것처럼 눅진한 공기 탓에 방진 마스크를 쓴 그는 연신 뜨거운 숨을 몰아쉬었다. 안경엔 김이 서려 미끈거렸다.

"현장이 지하여서 굉장히 습하고 답답해요. 그러니까 안전모나 보안경은 지급돼도 안 쓰는 경우가 많죠. 땀이 너무 많이 나니까요. 한 번만 작업해도 땀이 옷이랑 안전모에 달라붙어서 계속 덥고, 축축하고, 냄새가 빠지질 않아요."

우리가 쓴 물은 크게 세 단계를 거쳐 처리된다. 맨홀 아래 배관을 타고 하수처리장으로 흘러온 오수는 1차로 세목細目 스크린에서 협잡물(쓰레기)이 걸러지고, 2~3차로 미생물(박테리아)과 화학약품을 이용한 정수 과정을 거친다. 이렇게 깨끗해진 물은 강으로 다시 흘러들어간다. 마지막으로 수조 바닥에 가라앉은 슬러지(오니)를 건조해 고운 흙처럼 만든 다음 비료로 쓸 수 있도록 하면 공정은 끝난다.

대부분의 과정을 기계로 처리하지만 곳곳에 사람 손이 필요하다. 수조를 청소하고, 스크린에 걸린 쓰레기를 빼서 물이 계속 흐르게 하고, 기계 밸브가 고장 나면 손보고, 미생물이 제대로 반응할 수 있게 수온과 수소이온농도pH를 조절하고, 건조 슬러지를 조금씩 뒤집으며 상황을 보는 것이 모두 이들의 일이다. 기계와 상극인 물을 비롯해 기름, 오물이 공존하는 곳이기에 고무장갑만 쓸 수도, 일반 목장갑만 쓸 수도 없다. 비닐장갑과 목장갑, 코팅 장갑을 겹겹이 끼지만, 그래도 물이 들어온다.

하지만 매일 입는 옷은 이런 작업의 특성과 동떨어져 있다. 이승훈씨는 자신의 작업복을 "사무실 직원에게나 어울릴 법한 옷"이라고 평가했다. "폴리에스터 옷은 흡수성이 떨어져서 한두 시간만 지나도 땀범벅이 돼요. 가만히 앉아 일하는 사람에게나 적합한 거죠. 회사에서 나오는 장갑이나 안전화도 우리 업무와 크게 상관이 없고요."

그가 작업복을 입을 때 가장 중요하게 생각하는 건 오물을 얼마나 막을 수 있는지, 몸에 배는 악취를 어떻게 최소화할지다. 사람들이 쓰고 버린 물은 상상 이상으로 더럽다. 그는 쓸쓸하게 웃으며 말했다. "음식물 기름 덩어리에 대소변이 섞여 있다고 보면 돼요. 보통 하수는 그냥 혼탁한데, 여기 들어오는 물은 배설물 때문에 색깔이 덧입혀져 있어요." 말 그대로 똥물에 물티슈, 머리카락 뭉치, 각종 쓰레기에다 가끔 동물 사체까지도 섞여 들어온다.

냄새를 막기 위한 작업복은 오히려 작업에는 방해가 되기 일쑤다. 그가 신는 가슴장화의 재질은 고무, 즉 PVC(폴리염화비닐)다. 방수 기능에는 충실하지만 바람이 전혀 통하지 않는 소재다. 겉보기에는 품이 크고 넉넉해 보이지만, 물에 들어가면 몸의 형태에 맞게 밀착돼 움직임을 방해한다. 물에서는 그렇지 않아도 움직이는 게 쉽지 않은데 가슴장화의 무게까지 더해져 동작이 둔해진다.

"더러운 물에서 작업할 땐 악취나 수인성 전염병 우려 때문에 보통 가슴장화를 신고 들어가요. 그런데 이 옷이 굉장히 답답해요. 물에 들어가면 바로 몸에 옷이 쫙 달라붙어서 소름이 끼쳐요. 그리고 물청소를 하다 보면 상체 쪽으로 물이 안 들어올 수가 없거든요. 나중엔 그 안에 땀과 물이 고여서 수영장이 돼요."

'비용 탓'만 하는 회사

이렇게 작업 내용과 상관없는 옷만 지급받는 이유는 명확한
기준이나 지침이 없어서다. 일하기에 적절한 작업복을
선택한다기보다, 회사의 예산에 맞춘 옷을 입을 수밖에 없다.
하수처리장은 수십 수백만 시민의 삶에 영향을 미치는 국가 필수
시설이지만 각 지자체가 따로 관리한다. 운영 방식도, 임금도
시설마다 제각각이다. 한국엔지니어링협회는 매년 상·하반기
엔지니어링 기술자 평균임금 기준을 발표하는데, 노동자들이
실제로 받는 돈은 이보다 적다.

이승훈씨가 일하는 시설은 하남시가 민간 시행사와 5년간
위탁관리계약을 맺고 운영 중이다. 복리후생비에 피복비가
일부 포함되어 있지만, 이 금액으로는 작업에 알맞은 옷을
갖춰 입을 수 없다. 현재 이들이 지급받는 안전화는 가격이 3만
5000원으로 정해져 있다. 시판 안전화 중 가장 싸구려에 속한다.

작업 현장의 특성에 따라 작업복과 신발의 종류는
당연히 달라질 수밖에 없다. 안전화라고 해서 모두 같은 것이
아니다. 예컨대 건설 현장에서 신는 안전화는 위험물로부터
발을 보호해야 하기 때문에 신발 앞부분에 선심(발 앞코 부분에
들어가는 철로 된 캡으로, 발가락을 보호하고 신발의 형태를 잡아준다)이
덧대져 있고, 발목 부분도 높게 올라온다. 하지만 하수처리장은
기본적으로 시설 부지가 광활한 데다 걸어 다닐 일도 많다. 이런
현장에서 그런 안전화를 신고 오래 걸으면 발에 무리가 간다.

⬤ 이승훈씨가 회사에서 지급받은 작업화는
두 종류다. 끈이 달린 갈색 작업화(오른쪽)와
다이얼을 돌리는 타입의 등산화 같은 작업화(왼쪽)
가 그것이다. 처음 받은 갈색 작업화는 딱딱해서
발이 쉽게 피로해진다. 그와 같이 오래 걸어 다녀야
하는 환경에서 신기에는 적절하지 않다.

◀ 하수처리장에서 일하는 이승훈씨는 긴팔
작업복 셔츠와 바지 위에 부직포 재질의 방진복을
껴입고, 가슴장화까지 신는다. 발에 물이 차는 걸
방지하기 위해 신는 장화는 바람이 전혀 통하지
않아 몇 시간만 작업해도 땀과 물로 뒤범벅된다.
손에는 비닐장갑과 목장갑, 코팅 장갑을 겹겹이
끼지만, 그래도 물이 들어온다.

끈으로 묶느냐 아니냐의 차이도 크다. 각종 기계가 많은 하수처리장에선 작업화 끈이 기계에 걸려 사고가 날 수 있어 적절하지 않다. 그래서 등산화같이 쿠션감이 있으면서도 벨크로로 붙이거나 다이얼로 돌려서 조여주는 신발이 알맞다.

하지만 이들이 실제 착용하는 옷과 신발은 일터의 환경과는 큰 상관이 없다. 중요한 것은 주어진 피복비 예산 안에서 구매할 수 있는지 여부다. "회사에서 처음엔 끈이 달린 3만 5000원짜리 갈색 작업화를 줬어요. 보통 건설 현장에서 신는 종류였는데, 이건 발이 아프다고 문제제기했죠. 그랬더니 우리가 원하는 7~8만 원짜리 기능성 작업화로 바꿔주는 대신, 연 2회에서 1회로 지급 기준을 바꿔버렸어요. 처음부터 좋은 것 두 켤레는 못 준다고 하더라고요."

각종 기계를 점검하다 보면 하루 평균 1만 5000보를 걷는다. 심한 날에는 4만 보를 걸은 적도 있다. 하루 종일 바람이 통하지 않는 작업화를 신기에 무좀이나 습진을 달고 산다. 신발 옆면에 손수 드릴로 '숨구멍'을 뚫어도 소용이 없다.

좋은 작업복은 분명 있다. 시판되는 옷 중엔 땀 흡수율과 통기성을 높여 보다 쾌적하게 입고 작업할 수 있는 것이 많다. 그런 옷이 없다면, 적어도 자주 갈아입을 수 있게 여러 벌 지급하는 것도 방법이다. 문제는 늘 예산이다. 이승훈씨가 일하는 시설에서 작업복 지급은 시행사나 현장 소장의 재량에 달려 있다. 2015년부터 2022년까지 시설을 운영하던 회사는 하절기용 얇은 셔츠와 바지는 물론 동절기 점퍼와 작업용 재킷,

기모 바지까지 줬지만, 2023년 바뀐 회사에선 조끼 두 벌과 바지 두 벌만 준다.

"사람이 조끼만 입고 일할 수 있나요? 결국 예전에 쓰던 셔츠를 다시 입거나 새로 사야죠. 예전 시행사의 현장 소장은 직원 안전과 복지에 관심이 많은 사람이었어요. 그래서 기계 점검 작업 때 입으면 좋다며 절연 기능이 있는 재킷도 샀죠. 그런데 그게 일반 재킷에 비해 1.5배에서 2배 가까이 비싸거든요. 바뀐 시행사에서는 그게 부담이 되는 건지 못 사주겠다고 하더라고요. 현장 관리자가 작업복에 관심이 있느냐 없느냐에 따라 우리가 입는 옷이 달라진다는 게 답답합니다."

세탁해도 지울 수 없는 악취와 오염

수도권의 다른 시설에서 일하는 장경환씨(가명)는 "작업복을 입을 때마다 '아, 또 시작이구나' 하는 생각부터 든다"고 말했다. 서울 시민 4분의 1이 사용한 오수 100만 톤을 매일같이 처리하는 이곳은 규모가 하남 유니온파크보다 훨씬 커서 수조의 깊이만 8미터에 달한다.

구정물과 묵은 찌꺼기로 가득한 수조를 청소하고 퇴근하던 어느 날이었다. 분명 지하철에 올라탈 땐 사람들이 콩나물시루처럼 빽빽했는데, 어느 순간 그의 반경 1.5미터에만 사람이 없었다.

"굉장히 붐비는 지하철이었는데도 딱 제 주위에만 사람들이
안 오는 거예요. 샤워 다 하고 씻었는데도 그래요. 어깨장화 신고,
방진복 입고 아무리 꽁꽁 싸매도 냄새가 뚫고 들어오더라고요.
그래서 일부러 열차 칸 사이 통로에 서 있을 때도 있어요. 거긴
아무도 없으니까. '오늘은 이 옷을 깨끗하게, 무사히 벗고 싶다'는
게 매일 비는 소원이에요."

하수처리 작업은 오·폐수를 약품으로 처리하는 1차처리팀과
종말처리팀(정화한 하수를 하천으로 방류하는 곳), 슬러지건조팀
등으로 나뉜다. 이 중에서도 냄새가 쌓이고 쌓인 대형 수조와
슬러지 처리 공간에선 특히 작업복의 중요성이 커진다. 작업복이
내 몸과 오물 사이를 막아주는 유일한 방패막이 기능을 하기
때문이다.

장경환씨는 반코팅 장갑을 끼기 전 비닐장갑 세 겹에 라텍스
장갑까지 꼼꼼히 낀다. 퇴근 전 온몸을 박박 문질러 닦고, 1년에
100밀리리터짜리 향수 한 병을 다 쓸 정도로 청결에 신경 쓴다.
하지만 손과 머리카락에 깊이 스미는 냄새는 소용이 없다.
"양념치킨을 먹을 때 비닐장갑을 껴도 냄새가 손에 배는 것과
같다"는 게 그의 설명이다.

이 시설에선 하복과 동복을 합쳐 1년에 대여섯 벌 정도의
작업복을 지급한다. 그는 "옷이 적게 지급되는 편은 아닌데,
그럼에도 특히 바지가 부족할 때가 많다"고 했다. "기계·제조업계
쪽 사람들이 '기름밥 먹는다'고 하는 것처럼 저희도 '똥밥
먹는다'고 해요. 재래식 화장실에 맨몸으로 들어갔다 나온다고

보면 되죠. 옷을 세탁해도 깊게 들이마시면 냄새가 나요."

악취와 오염이 어느 정도로 심한가 하면, 작업이 끝난 뒤 옷을 물에 헹구지 않고 바로 세탁기에 넣으면 세탁기가 고장 날 정도도. 기계 모니터링과 점검 작업을 하다 보면 용접할 일도 왕왕 있는데, 불씨가 튀어 옷이 상하는 경우도 많다.

땅속 노동자들을 보호하지 못하는 작업복

문제는 냄새만이 아니다. 밀폐 공간이다 보니 제대로 환기하지 않으면 산소 부족이나 질식의 위험이 있다. 한국산업안전보건공단에 따르면 최근 10년간(2012~2021년) 밀폐 공간 질식 재해자 348명 중 사망자가 165명이었는데, 그중 오·폐수 처리시설과 맨홀, 배관 공사 현장이 포함된 건설업에서 40.6퍼센트(67명)의 사망자가 발생했다. 또한 오물을 직접 만지기 때문에 수인성 전염병 감염 위험이 크고, 얼굴과 몸에 화학약품이 튀어 화상을 입기도 한다.

예를 들어 오수를 처리할 때 기본적으로 락스 성분인 차염소산나트륨부터 황산, 염산, 황화제2철 등 각종 약품을 쓰는데, 이와 함께 물의 수소이온농도를 중성으로 유지해야 하기 때문에 가성소다 같은 중화제까지 투입한다. 장경환씨는 자신의 경험을 들려줬다. "가성소다는 염기성이 높아 피부에 닿으면 바로 화상을 입어요. 몇 년 전 실수로 뒤집어썼다가 온몸이

이승훈씨가 세목 스크린에 걸린 쓰레기를
빼내고 있다. 하수에는 오수 외에도 각종
협잡물이 섞여 있어 반드시 걸러주어야 한다.
작업을 하다 보면 코팅 장갑을 껴도 물이
그 안으로 새어 들어와 냄새가 손에 밴다.

빨갛게 된 적이 있죠. 다행히 빨리 씻어냈지만 언제든 이런 일이 벌어질 수 있는 환경에 노출돼 있다는 게 문제예요."

이승훈씨는 10년 전 다른 지역에 있는 하수처리장 내 맨홀에서 작업하다가 산소 부족으로 구토와 호흡곤란 증세를 겪었다. 밀폐 공간에 들어가기 전엔 반드시 산소 농도를 측정하고 필요한 경우 방진복과 송기 마스크까지 써야 하는데, 이런 기본 수칙조차 지키지 않는 시절이었다.

전문가들은 하수처리장이라는 공간의 특수성이 큰 만큼 처음부터 빈틈없이 점검해야 한다고 말한다. 숭실대 안전보건융합대학원 어원석 교수는 "보통 트인 곳은 '밀폐 공간'이 아니라고 방심하기 쉬운데, 오수 맨홀이나 분뇨처리장 등에선 언제든 질식 위험이 있다"고 강조했다. 유기물이 부패할 때 나오는 황화수소나 암모니아는 평소엔 수면 아래 녹아 있지만, 작업자가 들어가서 휘저으면 거품 효과로 인해 순식간에 농도가 폭발적으로 올라간다. 탄산음료 캔을 흔들어 따면 거품이 흘러넘치는 것과 비슷한 현상이다.

사람들은 '먹는 물'에는 관심이 많지만, 자신이 '쓴 물'이 어떻게 처리되는지는 별로 신경 쓰지 않는다. 상수도에서 벌레라도 나오거나 상수도 요금이 오르면 전국적인 뉴스가 되지만, 하수처리장은 시신이 나와야 비로소 주목받는다. 이 같은 대중의 무관심은 필연적으로 정책과 예산의 부재로 이어진다.

쓰고 버린 것, 더러운 것, 보기 싫은 것, 그래서 땅속에

구멍을 파고 사람들의 눈에 띄지 않게 숨겨놓은 것. 보이지 않는 곳에서 보이지 않는 일을 하는 사람들의 옷이 안전과 건강을 지켜줄 리는 없다. 현재의 작업복은 각종 위험이 도사리고 있는 땅속에서 일하는 사람을 제대로 보호하지 못한다.

맨홀 작업자들이 맞닥뜨리는 위험

원우석씨는 서울 시내 구청 소속 공무직으로 도심 맨홀에서 하수도관 보수 작업을 한다. 한국의 근대식 하수도 시설은 1918년 제1기 하수도 개수 사업 때 만들어졌다. 철근 콘크리트로 만든 하수관을 지하에 깔고 지름 1.2~2미터짜리 원형 맨홀 35개를 설치한 것이 그 시작이다. 2023년 현재 전국에 있는 하수관로의 총길이는 서울이 1만 837킬로미터, 전국은 16만 8618킬로미터에 달한다. 하수관로에 설치된 맨홀만 100만 개인데 그중 4분의 1이 서울에 있다.

맨홀 뚜껑을 열고 아래로 내려가면 하수도관과 이어진다. 관의 지름이 작게는 250~300밀리미터부터 크게는 800, 1000, 2000밀리미터에 이르는 것까지 다양하다. 요즘은 기술이 발달해 사람이 직접 들어가지 않고도 밖에서 관의 파손이나 침하를 확인할 수 있지만, 여전히 육안으로 확인하고 땜질해야 하는 경우도 많다. 상수도관이나 도시가스관, 통신선 등이 모두 맨홀 아래에 있는데, 다른 관을 수리하면서 실수로 하수도관을 깨부수는 경우가 있어서다. 관이 깨져서 물이 샌다거나 냄새가 올라온다는 민원이 접수되면 원우석씨 같은 작업자들이 현장에 투입된다.

"맨홀 작업자 중에는 살찐 사람이 없어요. 왜냐면 언제 그 안으로 들어가야 할지 모르니까요. 사람이 들어가는 건 대부분 커다란 관이지만, (지름) 450밀리미터짜리 관부터는 몸을 억지로 욱여넣어야 겨우 들어가지거든요. 보통 수도관이 깨졌다고 하면 시멘트와 방수액 등 처리 도구를 가지고 직접 들어가서 작업을 해야 하죠."

하지만 그가 입는 작업복은 우비와 가슴장화, 고무장갑, 목장갑이 전부다. "제일 힘든 게 쥐예요. 450밀리미터 관은 너무 작아서 몸을 이리저리 움직일 수가 없거든요. 그런데 안에 들어가면 쥐 떼가 눈앞에서 날뛰어요. 사람들이 버린 주사기 등 뾰족한 쓰레기에 찔릴 때도 많고, 심지어 꼽등이한테 물려본 적도 있죠. 그거 물리면 정말 아파요." 이 때문에 파상풍 예방주사를 의무적으로 맞아야 한다고 하지만, 근본적으로는 이런 위험이 없도록 옷과 장비를 개발해야 한다는 게 작업자들의 이야기다.

맨홀 뚜껑이나 도로 측구의 빗물받이, 경계석 등 100킬로그램이 훌쩍 넘는 작업물을 옮길 때 안전사고가 발생하기도 한다. 사람들이 여럿 달라붙어 옮기는데, 자칫 삐끗하면 작업물을 놓쳐 손가락 절단이나 발등·발가락 골절 사고로 이어질 수도 있다. "우리는 물이 차 있는 하수도관에서

작업을 하니까 일반 장화를 신거든요. 장화가 고무로 되어
있으니까 무거운 물체가 떨어졌을 때 발가락을 보호할 수가 없는
거죠. 그렇다고 두꺼운 안전화만 신자니 물에 젖어서 축축한
채로 오래 작업할 수 없기 때문에 난감합니다. 무좀도 많이
걸려요."

옷에서 '혐오' 딱지 뗄 수 있었으면

그렇다면 이들이 정말 원하는, 현장 상황에 딱 들어맞는
작업복은 과연 어떤 것일까. 이 질문에 대해 누구도 똑 떨어지는
답을 내놓지 못했다. 물에 들어가서 입는 것과 기계를 점검할 때
입는 것, 각종 쓰레기를 걸러내면서 입는 것과 화학약품을 다룰
때 입는 것이 모두 달라야 하기 때문이다.

누군가는 "고온다습한 환경에선 폴리에스터보다는 땀을
흡수할 수 있는 면이 섞인 옷이 훨씬 쾌적하다"고 했고, 반대로
누군가는 "면 티셔츠는 땀 때문에 무거워진다. 차라리 가볍고
시원한 나일론 옷이 좋다"고 했다. 또 다른 누군가는 "어차피
뭘 입어도 땀과 물에 다 젖는다. 그나마 주머니라도 많으면
좋겠다. 망치, 드라이버, 빠루(쇠지렛대), 펜치, 렌치, 삽 등 온갖
도구를 다 쓰는데 그걸 넣을 데가 없다"고 말했다. 일터의 환경이
근본적으로 바뀌지 않는데 작업복 하나만 바뀐다고 해서 문제가
해결되지 않는다는 걸 모두가 잘 알고 있었다.

이승훈씨가 하수처리장 내 기계의
밸브를 점검하고 있다. 하수처리장
내부는 거대한 기계실과 같다.

그래서 하수처리 노동자들은 "상수도만큼만 관심을 주면
좋겠다"고 말한다. 이들은 경찰이 시민을 안전하게 보호하듯
자신이 사람들의 건강을 책임진다고 생각하지만, 부정적인
시선이나 열악한 처우는 일의 효능감을 떨어뜨린다. 눈에 띄지
않게 무조건 지하화하고, 냄새를 틀어막고, 정규직이 아닌
무기계약직과 용역 업체에게 위험을 외주화하다 보니 작업 환경
역시 쉽사리 개선되지 않는다는 것이 노동자들의 생각이다.

  전문대에서 토목을 전공하고 곧바로 취직해 13년째 일하고
있는 장경환씨는 "공항, 항만, 도로, 교량 등 토목 사업을
통틀어 가장 중요한 게 하수"라고 강조했다. "만약 이 도시가
폐허가 됐다고 가정해봐요. 처음부터 다시 도시를 건설할 때
제일 먼저 지어야 하는 시설이 바로 하수도예요. 아무리 마실
물이 있더라도, 쓰고 버린 물을 제대로 처리하지 않으면 절대
안전을 담보할 수 없어요. 우리 일은 인류 문명과 국가 시스템의
근간이라고 할 수 있죠."

  도시를 지탱하는 가장 기초적이고 필수적인 시설인데도
'혐오시설'이라는 딱지를 달고 아무도 보지 못하는 곳에서
일하는 노동자들의 소망은 소박하다. "밝은 색 옷을 입고 싶다"는
게 그중 하나다. 장경환씨는 "똥물에서 일한다고 옷도 똥색인 게
너무 싫다"고 말했다.

  "어두운색 옷을 입으면 지저분한 일을 한다는 인식을 주는
것 같아요. 점심시간에 지상으로 올라가면 우리를 아래위로
훑어보는 듯한 시선이 분명히 느껴지거든요. 각종 자격증도

있어야 하고 전문 지식이 필요한 일인데도, 맨홀 아래에 들어가
있으면 지나가는 사람들이 '공부 안 하면 저렇게 된다'고 말해요.
그러니까 옷이라도 외출복같이 환했으면 좋겠어요. 물론 금방
더러워지겠죠. 그래도 밝고 깔끔한 옷을 입으면 이 일에 대한
사람들의 생각이 조금이나마 바뀌지 않을까요?"

원우석씨는 "작업복의 소재나 장비 자체를 다양하게, 많이
나눠주는 식으로 디테일만 바뀌어도 훨씬 낫다"고 말했다. 그는
"옛날엔 얇게 코팅한 10수 목장갑을 한 켤레씩만 나눠주고 빨아
쓰게 했는데, 지금은 50수여서 훨씬 질이 좋고 원형이 오래
유지된다"면서 "실제로 일을 하는 사람의 입장에서 한 번만
생각해보면 답이 나온다"고 말했다.

이승훈씨는 "이 시설이 처음 지어질 때부터 일하며 내가
성장하고, 반대로 나도 이곳을 성장시키고 있다는 보람이 크다.
하지만 회사가 비용 문제라며 무조건 싼 옷과 장비를 고집할
때마다 인정받지 못하는 것 같다는 생각이 든다"고 강조했다.

"시설을 관리하는 공무원은 바뀌어도 기술직인 우리는
안 바뀌거든요. 담당 공무원이 새로 오면 우리가 가르쳐줄
정도예요. 시설이 생긴 뒤 초창기에는 열흘 넘게 밤새가면서
방류 수질 기준을 맞추려고 애썼을 정도로 이 일이 좋아요.
그런 걸 사람들이 조금이라도 알아주면 좋겠어요. 하수처리는
수질 환경, 대기 환경, 전기 공사 등 각종 기술과 자격이 필요한
전문직입니다. 바라는 건 많지 않아요. 더 적절히 보상받고, 일할
때 입는 옷에서 자부심을 느낄 수 있으면 좋겠습니다."

"지하에도
엄연히
일하는 사람이
있어요"

재활용품 선별원들을 만나러 가는 길에 선별장 내부를 촬영한 방송 클립들을 찾아봤다. 인터뷰는 가능한데, 실제 선별 현장까지 보여주기는 어려울 것 같다고 했기 때문이다. 영상 속 장면들은 익숙했다. 긴 컨베이어벨트에 수거된 물품을 쏟아놓으면 사람이 직접 손으로 선별을 했다. 모두 선별원들의 열악한 노동 환경을 다룬 기사에서 본 적이 있는 이미지들이었다. 영상 몇 편을 보자 목적지에 도착했다는 안내가 나왔다. 차에서 내렸는데 뭔가 이상했다. 도착한 곳은 한가로운 공원이었다. 공원 주차장 옆에는 아담한 크기의 나무들이 보기 좋게 늘어선 산책로도 있었다. '도대체 여기 어디에 재활용 선별장이 있다는 거지? 잘못 왔나?' 하는 생각이 드는 순간 저쪽에서 누군가 나를 부르는 소리가 들렸다. "기자님! 여기예요! 쭉 걸어오세요!" 산책로에 인터뷰이가 서 있었다.

자원순환시설은 지하에 있었다. 산책로 옆에 시설로 들어가는 작은 입구가 보였다. 엘리베이터를 타자 마스크를 쓴 것이 무색하게 온갖 냄새가 코를 자극했다. 지하 세계에 지상과 똑같은 것이라고는 하나도 없었다. 1분 전만 해도 분명 석양에 반짝이는 햇빛이 보였는데, 이곳에선 형광등조차 어두워 보였다. 지상은 퇴근시간임에도 조용했는데, 지하는 기계 소리로 시끄러웠다.

컨테이너 사무실에서 선별원들과 한 시간 넘게 작업복에 대한 인터뷰를 진행했다. 인터뷰이들은 일할 때 쓰는 장갑, 앞치마, 플라스틱 안전모 같은 것을 직접 착용해 보여주면서 그것들이 왜 불편하고 작업에 도움이 되지 않는지를 설명했다. 나는 인터뷰이들이 새로운 아이템을 보여줄 때마다 흠칫흠칫 놀랐다. 생각보다 입는 옷이 너무 많아서, 장갑이 너무 허술한데 그마저도 충분히 지급되지 않아서, 앞치마가 더워 보여서 그랬다. 놀라는 나의 표정을 보고 한 인터뷰이가 웃으며 말했다. "아유, 사실 이런 양반들은 암만 말해줘도 잘 몰라."

얼마 뒤 다른 지역에 있는 환경기초시설을 취재하러 갔다. 쓰레기 소각장과 고형화된 폐기물 연료인 SRF를 만드는 작업장이 있는 곳이었다. 이 시설들도 지하에 있었다. 자원순환시설에서의 경험이 너무 강렬했기 때문인지, 이번엔 별로 놀랍지 않았다. 이곳의 풍경도 처음 갔던 곳과 별반 다르지 않았다. 사람들이 여유롭게 놀고 있는 잔디밭 아래 쓰레기 처리 일을 하는 사람들이 있었다. 잔디밭과 조금 떨어진 대형 쇼핑몰도 사람으로 북적댔다. 저 쇼핑몰에서는 하루에 얼마나 많은 쓰레기가 나올까. 이번 편을 취재하는 내내 거대한 쓰레기 더미는 지하 어딘가로 몰려드는데, 지상에 있는 사람들은 마치 아무 일도 없는 것처럼 태연하게 살아가는 장면이 그려졌다.

작업복을 다루는 기획의 시작을 어떤 직업의 옷으로 하는 것이 좋을지 한참 고민했다. 쓰레기를 다루는 사람들의 이야기를 첫 회로 내보낼 수 있어 다행이었다. 아무것도 버리지 않고 사는 사람은 없으니까. 이것은 이들의 옷에 관한 이야기이기도 하지만, 사실 우리가 이들에게 진 빚에 관한 이야기이기도 하다.

상상을 초월하는 쓰레기 더미

경기 하남시에 있는 지하 소각장에서 일하는 허윤길씨의 남색 작업용 재킷에는 그가 8년 전 일했던 회사의 로고가 박혀 있다.

그는 톡톡한 면 소재로 된 이 재킷 안에 현재 다니는 회사에서 받은 기능성 소재의 긴팔 셔츠를 입는다. 그는 13년 중 8년을 이렇게 예전 회사와 지금 회사의 옷을 섞어 입으며 일했다. 지금 다니는 회사에서 매년 새 작업복을 주는데도 예전 옷을 계속 입는 이유는 옷의 소재 때문이다. "재 뚫는 작업을 할 때 위험해서 지금 작업복으로는 못해요."

흔히 소각장이라고 하면 사람들은 쓰레기를 야외 소각로에 넣고 태우는 장면을 떠올린다. 그러나 허윤길씨가 일하는 신식 소각장은 이 작업을 실내에서 한다. 실내 제어실에서 버튼 몇 개를 누르자 크레인이 쓰레기를 집어 소각로 안으로 옮기는 모습이 보였다. 기계 옆 모니터에서는 소각로 안에 들어간 쓰레기에 불이 붙어 타는 모습이 중계되고 있었다. 지어진 지 몇 년 되지 않은 이곳은 많은 것이 기계화되어 있다. 이렇게 실내에서 하는 작업은 지금의 회사에서 준 가벼운 기능성 재킷을 입고 해도 충분하다.

하지만 쓰레기가 완전히 재가 되려면 사람의 손을 거쳐야 한다. 허윤길씨가 일하는 소각장은 생활폐기물 소각 시설이다. 사람이 생활하는 과정에서 나온 쓰레기들을 태운다. 수거된 폐기물에는 항상 불에 잘 타지 않는 것들이 섞여 있다. 늘어나고 휘어져 자기들끼리 엉켜버린 얇은 옷걸이, 재를 닦아내면 다시 쓸 수 있을 정도로 멀쩡해 보이는 만두 찜기, 부서진 키보드 같은 것들. 이런 것들이 1000도 안팎의 고온에도 재가 되지 않고 살아남아 재가 이동하는 관을 수시로 막는다. 막힌 관을 뚫는

허윤길씨가 슈트를 열어 막힌 것이 없는지
살펴보고 있다. '소각장' 하면 곧바로 '불'을
떠올리는 이들이 많지만, 소각 노동자들이
불보다 더 많이 마주하는 것은 불에 타고
남은 재다.

다 태운 쓰레기의 최종적인 형태는 걸쭉한
슬러지다. 소각장에서 쓰레기를 태우는 것은
일의 시작에 불과하다. 소각 과정에서 발생하는
유해가스를 처리하는 것, 타고 남은 재를
식혀서 버리는 것, 태워도 타지 않는 물건들을
골라내 버리는 것, 그런 기계들을 정비하고
관리하는 것 모두 소각 노동자들의 일이다.

데는 사람의 손이 필요하다. 소각 작업자들이라면 다들 한 번쯤 막힌 관을 뚫으려 소각 기계의 문을 열었다가 당황한 경험이 있다. "안에 별 게 다 들어가 있어요. 막혀서 열어보면 철제 의자 같은 게 딱 들어 있다니까요."

화상 위험에 내몰리는 노동자들

작업자들은 제어실에서 모니터링을 하다 이상이 감지되면 호퍼(소각시 발생하는 먼지를 포집해 배출하는 곳)나 슈트(쓰레기가 타고 남은 잔재가 모여 떨어지는 곳)의 문을 열고 쇠꼬챙이 같은 도구로 잿더미 속을 헤집는다. 이때 불티가 튄다. 지금의 회사에서 지급한 작업용 재킷의 소재는 화학섬유인 폴리에스터와 폴리우레탄이다. 화학섬유는 불이 붙으면 화르륵 타오르지 않고 조용히 녹아서 뚝 떨어지는데, 녹은 섬유가 맨살에 달라붙으면 심각한 화상으로 이어진다.

다른 소각장에서 일하는 김태헌씨는 이런 소재의 옷을 입고 일하던 동료가 작업 중 화상을 입고 치료받는 장면을 본 적이 있다. 끔찍한 장면이었다. "우리는 옆에서 진짜로 사람이 오징어처럼 구워지는 걸 몇 번 본 사람들이라서요. 화재 나면 그거(몸에 붙은 섬유)를 긁어내거든요. 숟가락으로요. 한강성심병원에 가면 그렇게 해요. 긁을 때 보면 환자들이 거의 막 미치려고 그래요." 그가 말했다. "여기 현장은 작업복에 투자를 하지 않아요, 절대로."

　일부 사업장에서는 작업복에 약품으로 난연 처리를 하기도
한다. 불연·소재가 아닌 옷에 후처리를 한 것이기 때문에 세탁할
때마다 그 기능이 조금씩 줄어든다. 그렇다면 면은 어떨까. 면도
가연성 소재지만, 불이 붙었을 때 섬유가 녹아서 떨어지는 대신
재로 변해 날아간다. 폴리에스터처럼 녹은 섬유가 피부에 붙어
2차 화상을 일으킬 염려는 적은 것이다. 허윤길씨는 지금의
회사에서 준 옷을 입고도 일을 해봤지만, 결국 예전 옷을 다시
찾아 입었다. "제가 왜 이걸 8년째 입고 있겠어요? 제 몸을
지켜줄 수 있다고 생각하기 때문이죠. 예전 회사 이름이 박혀
있어도, 더 안전하다고 생각해서 그냥 입는 거예요."

옷은 싸구려 줘도 장갑은 좋은 거 줬으면

허윤길씨와 같은 층에서 일하는 재활용팀의 강철호씨는
고형화된 폐기물연료인 SRF(Solid Refuse Fuel) 작업자다. 폐비닐
같은 폐합성수지(폐플라스틱), 폐고무 등을 고온으로 녹여 압축한
다음 작은 크기로 자른 것을 SRF라고 한다. SRF는 발전소 등의
연료로 쓰인다. 그 역시 허윤길씨와 같은 폴리에스터 소재의
작업복 상·하의를 지급받는다. 하지만 그는 이 옷이 특별히
안전하지 않다는 생각은 해보지 않았다고 했다. 그의 고민은
옷보다는 장갑에 있었다.

SRF 작업은 떡집에서 가래떡을 뽑는 일과 비슷하다. 그의 일터에서는 폐비닐을 SRF로 만든다. 대량의 폐비닐을 SRF 추출 기계에 투입하면 그 안에서 비닐이 녹는다. 녹은 '비닐 떡'이 동그란 관을 통해 뽑혀 나오면 자동 회전하는 대형 칼날이 이를 잘라 컨베이어벨트 위로 떨어뜨린다.

그가 맡고 있는 일은 제각각의 크기로 토막 난 고체연료들을 손으로 집어 적당한 크기로 부러뜨리고, 너무 타거나 불순물이 섞여 연료로서 부적합해 보이는 것들을 골라내는 것이다. 작업용 발판 위에 올라가 고체연료들을 집어 이리저리 옮기는 강철호씨의 손에는 반코팅 장갑이 끼워져 있었다. 일반 목장갑에 손가락과 손바닥 부분이 빨간 라텍스 소재로 코팅된 장갑이다. "저 온도가 한 170도 정도 돼요." 강철호씨가 일하는 모습을 지켜보던 한 동료가 말했다. 기계가 '펑' 소리를 내며 고체연료들을 밑으로 떨어뜨릴 때마다 뜨거운 김이 안개처럼 올라왔다.

뜨거운 물체를 계속 만지는데 반코팅 장갑만으로 충분한 걸까. 작업을 마친 강철호씨가 장갑을 벗었다. 반코팅 장갑 안에 일반 목장갑, 목장갑 안에 다시 엄지손가락 부분을 자른 위생 비닐장갑이 나왔다. 둘 다 가정에서 쓰는 장갑이다. 이 중 회사에서 지급한 것은 목장갑과 반코팅 장갑이다. 비닐장갑은 면과 반코팅 장갑만으로는 너무 뜨거워 작업에 어려움을 겪었던 강철호씨가 사비로 구매한 것이다. "최고 고충이 손이에요. 엄청나게 뜨거워요. 물집까진 안 잡히더라도 손에 약간의

🔽 폐비닐 등을 고형화해 폐기물연료로 만드는
SRF 작업은 가래떡을 뽑는 일과 유사하다.
SRF 기계에서 녹은 '비닐 떡'이 뽑혀 나오면
자동 회전 칼날이 이를 잘라 컨베이어벨트 위로
떨어뜨린다.

🔼 이때 너무 길게 뽑혀 나온 것은 노동자가
손수 잘라주어야 한다.

화상을 입는 거죠." 작업한 시간은 10분 남짓이었는데, 그가 벗은 비닐장갑은 물에 담갔다 막 건진 것처럼 땀으로 푹 젖어 있었다. 장갑을 벗은 그의 손도 땀으로 번들거렸다.

"여기 손바닥에 뜨거운 물건을 이렇게 쥐면 뜨겁죠. 그럼 (작업자들은) 대책으로 목장갑을 끼거나 주방에서 쓰는 비닐장갑을 껴요. 저도 다이소에서 1000~2000원 주면 사는 그거 있잖아요. 엄지 부위를 자르고 손가락 네 개로만 해서 그걸 써요. 그렇게 공기를 통하게 한 다음에 그 위에 목장갑 끼고 해서 사용하죠."

회사는 목장갑과 반코팅 장갑 한 켤레씩을 지급한 것 외에 뜨거운 물체를 다루는 작업을 할 때 손이 너무 뜨거우면 어떻게 조치해야 하는지 지침을 주지 않았다. 사람들은 알아서 자신에게 맞는 방법을 찾아나섰다. 강철호씨는 지금의 장갑 끼는 방식에 정착하기 전까지 5개월쯤 헤맸다. "이것도 써보고 저것도 써봤어요. 수술용 장갑도 써봤어요. 그런데 그건 한 번 끼면 벗는 게 쉽지 않더라고요. 다이소 가서 '이 장갑 한번 써볼까?', 어디 지나가다가 '저거 우리 작업할 때 쓰면 어떨까?', 뭐 작업하다가 '이거 하나 사서 해보자' 해서 사보고. 해보고 '이건 아니네' 하고요. 잡고 분지르는 작업을 해야 하는데 마찰력이 강한 장갑은 둔해서 못 써요. 눌어붙은 걸 떼어내려면 손에 잘 잡혀야 되거든요. 비닐장갑이 그나마 가장 좋더라고요."

그는 하루에 많게는 10켤레 이상의 비닐장갑을 쓴다. "100~200매짜리 사면 길게 쓰면 한 달, 짧게 쓰면 한 20일 정도

쓰는 것 같아요." 봄 여름에는 비닐장갑, 목장갑, 반코팅 장갑을
끼지만 겨울에는 조금 더 따뜻한 소재의 장갑을 끼기도 한다.
"3M에서 나오는 겨울용 아주 두꺼운 게 있어요. 최근에는 그게
잘 안 나오더라고요. 지마켓 같은 데서 구매하면 한 켤레에
8000~9000원에 살 수 있었어요. 과거엔 운 좋게 그걸 구매해서
가장 추운 겨울을 났죠. 그런데 그 3M 장갑을 끼면 손이
둔해져요. (물체를) 잡고, 분지르고, 떼어내야 하는데 그러려면
손에 잘 잡혀야 되거든요. 큰 걸 잡을 때는 무난한데 작은 걸
뜯어내기에는 3M 장갑이 효과가 좀 떨어지더라고요."

　　뜨거운 것만이 문제는 아니다. 끈적끈적하게 녹은
폐비닐들은 추출 구멍에 자주 엉겨붙어 기계를 멈춘다.
소각장에서 쓰레기가 막은 관을 사람이 뚫어내는 것처럼, 기계
구멍에 붙은 비닐을 떼어내는 것도 사람의 몫이다. "겨울에 하드
먹다가 입에 붙을 때 있죠? 장갑도 똑같아서 잘못하면 비닐에
붙어요. 어떤 분은 청소하려고 기계를 멈췄는데 고속 회전하던
칼날이 (멈추기 전) 한 바퀴를 더 도는 동안 비닐에 붙은 손이 안
떨어져서 손가락 마디가 절단되기도 했어요."

　　강철호씨는 같은 재활용팀 작업자들끼리 이런 말을 가장
많이 나눈다고 했다. "옷은 싸구려 주더라도 장갑만큼은 좀 좋은
걸 줘야 되는 거 아니냐."

쓰레기란 쓰레기는 다 모이는 곳

서울 구로구에 있는 자원순환센터에서 일하는 조정자씨, 김민영씨(가명), 박현주씨도 일할 때마다 비슷한 생각을 한다. 세 사람은 재활용품 선별원이다. 이들은 수거된 재활용품을 플라스틱, 유리, 고철 등으로 다시 나눈다. 분리배출됐다고는 하지만, 아파트 단지에서 수거된 일부를 제외하면 대부분의 재활용품이 쓰레기와 섞여 들어오기 때문이다. 집게차가 재활용품이 든 자루를 파봉해 컨베이어벨트로 들여보내면 사람이 손으로 직접 분류 작업을 한다.

조정자씨가 작업복을 입고 노조 사무실로 들어왔다. 선별원의 작업복은 건설 노동자와 학교 급식 노동자의 작업복을 합쳐놓은 모습이다. 안전모와 안전화는 건설 현장의 복장을 닮아 있고, 토시와 비닐 앞치마는 조리실의 복장을 닮아 있다. 부딪히고 찔릴 위험이 많은 건설 현장에서 필요한 것과 물기가 많은 조리실에서 필요한 것이 이곳에서는 모두 필요하다는 뜻이다.

"일단 쓰레기란 쓰레기는 다 들어와요." 조정자씨가 말했다. "쓰레기와 재활용품이 구분되지 않고 들어온 상태에서 우리가 (컨베이어벨트 위를) 휘저으면서 병 고르고, 캔 고르고, 비닐 고르고, 박스 고르고, 다 고르는 거예요. 그러는 동안에 거기서 식칼도 나오고, 가위도 나오고, 호미도 나오고, 낫도 나오고, 작두도 나와요. 인간적으로 나오지 말아야 할 것들도 다 나와요.

쓰레기에서 쥐도 나오고, 고양이 사체도 나오고 그런다고요."
옆에 있던 박현주씨가 거들었다. "봉지에 고양이 사체를 넣어서
그냥 버려버리는 거예요."

조정자씨는 2022년 작업 중 손가락 힘줄을 다쳐 수술을
받았다. 쓰레기 더미에서 건져낸 유리병들이 잔뜩 담긴 자루를
2인 1조로 들어 옮기던 도중, 상대편이 갑자기 손을 놓아버리는
바람에 날카로운 유리에 손가락이 찍힌 것이다. 당시 그는
회사에서 나눠준 목장갑 위에 빨간색 코팅 장갑 하나를 덧씌워
끼고 있었다.

"무방비 상태예요. 날카로운 병에 콕 찔리면 (장갑을 뚫고)
들어가고. 이렇게 얘기해서는 몰라. 안에 들어와서 봐야 돼."
다친 사람은 그뿐만이 아니었다. 김민영씨도 유리병을 옮기다가
무릎과 정강이를 17바늘이나 꿰맸다. "초창기에는 병을 색깔별로
분류했거든요. 투명, 갈색, 잡병 이렇게요. 작은 마대자루에 병을
담아서 뒤로 빼내야 했는데, 그 자루에서 삐져나온 날카로운
부분에 싹 베인 거죠."

재활용품 선별원들은 일상적으로 찔리고 베일 위험에
노출된다. 국가인권위원회가 2022년 12월 발간한 〈생활폐기물
처리시설 종사자 노동인권 상황 실태조사〉 보고서는 이런
위험을 명확히 짚었다. "재활용 쓰레기임에도 불구하고 그
형태나 모양이 불규칙하거나 특히 의료용 쓰레기들이 섞여서
들어오는 경우가 많기 때문에, 분리 작업 중 유리나 못, 날카로운
물질로 인해 찔림 사고가 (발생하기) 쉬운 것으로 나타났다."

인권위 보고서에 실린 내용은 현장 노동자들이 실제로 매일 겪고 있는 현실이었다. 유리 조각이나 금속 파편 등에 베이지 않도록 해주는 적절한 개인 보호구가 제공되지 않아서, 혹은 그런 보호구를 착용하지 않아서 발생한 사고가 대부분이었다. 재활용 쓰레기 자체가 제대로 선별되지 않은 채 유입되는 과정에서 발생되는 찔림 사고도 많았다.

아무도 궁금해하지 않는 지하 세계

이들의 노동은 모두 지하에서 이루어진다. 선별원들이 일하는 구로구 자원순환센터로 내려가기 위해서는 지상과 연결된 엘리베이터를 타야 한다. 엘리베이터 옆 벽의 작은 창문 앞에는 '창문 개방 금지'라는 안내문이 붙어 있었다. 지하에서 나는 쓰레기 냄새가 지상으로 올라오는 것을 방지하기 위해 붙여놓은 것이라고 했다.

　다섯 사람이 일하는 공간이 지하로 가야 했던 이유는 쓰레기와 관련한 작업이 이루어지는 시설이 대체로 혐오시설이기 때문이다. 사람은 모두 쓰레기를 배출하지만, 그 쓰레기가 어떻게 처리되는지 아무도 보고 싶어 하지 않는다. 자신이 사는 동네에서 그런 작업이 이루어지는 것을 탐탁지 않게 여긴다.

　지하의 환경은 열악하다. 재활용품 선별원들은 한목소리로

재활용품
선별원들의 이야기
직접 듣기

수거된 재활용품이 컨베이어벨트를 통해 들어오고
있다. 대부분 쓰레기가 섞여 들어온다. 재활용품
선별원들에게 주로 지급되는 목장갑과 반코팅 장갑은
그들의 손을 충분히 보호해주지 못한다. 작업 중 깨진
유리병, 칼, 가위 등에 손을 찔리거나 베이는 일이 잦다.

지하 시설에서 일하는 고충을 이야기했다. "여기가 지하다 보니 여름에 습도가 높아서 (회사에서 준) 바지가 감겨요. 그래서 시원한 소재로 된 바지 있잖아요? 시장에서 파는 얇은 걸 많이들 사 입죠. 개인적으로요."(김민영) "작년 여름에 습도계로 체크했는데, 한 79~80퍼센트 정도 됐어요."(박현주) "여름 되면 빗자루고 뭐고 다 곰팡이가 슬어 있어요. 너무 습하니까. 벽 같은 데도 그렇고요. 여기는 식물이 살 수 없는 곳이니까, 사람도 살기 힘든 곳이죠."(조정자)

몇 시간 일을 하고 나면 마치 잿더미 속에서 일한 것마냥 얼굴에 새카만 먼지가 묻는다. 박현주씨가 자신의 눈 밑을 가리켰다. "장난 아니에요. 마스크 끼고 있어도 눈 밑에 여기 먼지가 다 끼거든요. 그런데 회사에서 뭐라는 줄 아세요? 겨울 되면 땀이 덜 나니까, (마스크를) 이틀에 하나만 써도 되지 않느냐는 거예요. 이 먼지가 땀 때문에 끼는 게 아니잖아요."

소각처리 노동자 허윤길씨는 지하에서 일하기 시작하면서 시력이 급속도로 나빠졌다. 입사 때 건강검진에서 (좌우) 1.3, 1.5로 나왔던 시력이 입사 2년 뒤 받은 건강검진에서는 0.4, 0.8로 떨어졌다. "내가 벌써 노안은 아니겠지 싶어서 병원을 갔어요. 병원에서는 눈이 근거리, 원거리를 번갈아 보면서 운동을 해야 하는데 실내에 있으면서 근거리만 계속 보니까 안 좋아졌다고 하더라고요. 제가 이 일 하기 전에 조정경기장에서 일했거든요. 야외에서 공원 관리할 때는 주로 멀리 봤었는데, 여기 와서 2~3년 만에 이렇게 시력이 안 좋아진 건 직업적 특성인 것 같아요. 회사에서 저한테 '네가 (회사 때문이라는) 근거를 대봐'라고 하면 찾을 수는 없겠죠."

작업복이 보여주는 노동자의 지위

쓰레기를 태우는 일, 쓰레기를 다른 쓸모 있는 것으로 바꾸는 일, 쓰레기 속에서 재활용품을 찾아내는 일…… 이 모든 것은 눈에 잘 띄지 않지만 사회를 유지하기 위한 필수 노동이다. 이 일을 하는 사람들이 입는 작업복은 이들이 하는 노동의 가치에 상응하는 것일까.

허윤길씨는 "뭐가 필요하다고 하면 회사가 안 주는 건 아닌데, 그렇게 큰 관심은 없는 것 같다"고 했다. "그냥 여름 되면 주고, 겨울 되면 주는 거죠. 이걸 주면 이 사람들이 불편하지 않을까, 이걸 주면 더 안전할까 같은 고민은 별로 하지 않는 것 같아요." 강철호씨는 이렇게 덧붙였다. "제가 중요한 일을 하고 있다고 생각하지만, 아직 사회적으로 그에 걸맞은 대우는 없어요. 더 대우받고, 전문화돼야 하는 직업이라고 생각해요." 노조에서는 사측에 방염복을 지급해달라고 했지만, 예산을 이유로 반영되진 않았다고 한다.

회사 탈의실에 있는 허윤길씨의 사물함을 열었더니 색깔도 소재도 모두 다른 장갑 다섯 켤레가 나왔다. 모두 자비로 구매한 것이라고 했다. "입사하고 4~5년 뒤부터 장갑을 사기

장갑은 모두의 고민이었다. 소각장에서 일하는
허윤길씨도 회사에서 준 장갑을 끼고 일할 때 손을
자주 다쳤다. 매번 여기저기 부딪히고 긁히는 것에
지친 그는 직접 용도에 맞는 장갑을 사서 끼기
시작했다. 빨간색 반코팅 장갑(가운데) 외에 나머지는
그가 모두 사비로 구입한 것이다. 방수·방한 기능과
충격 방지 기능이 있는 장갑을 사서 낀 뒤로 손을
다치는 일이 비교적 줄었다고 했다.

시작했어요. 처음에 회사에서 준 장갑을 받았을 땐 그냥 '이렇게
주는 건가보다' 하고 아무 생각 없이 일했어요. 그런데 제가 자꾸
다치잖아요. 손가락 삐고, 다치고, 찢어지고, 찍히고, 손톱도
빠지고. 그럼 약 바르고 한두 달 고생하다가 자연치유 되고. 너무
힘든 거예요. 짜증나잖아요, 다치니까. 내가 나를 보호할 수 있는
게 없나? 그래서 한번은 회사에 요청을 했어요. 이런저런 장갑이
있는데 사줄 수 있겠느냐고. 그런데 너무 비싸다고 하더라고요.

지금 주는 장갑 얼마나 하는지는 모르겠는데 4000~5000원이면 살 거예요. 그런데 제가 산 바이크 장갑은, 저것도 싼 거긴 하지만 그래도 2~3만 원 하거든요. 회사에서 '필요하시면 개인적으로 사서 쓰시는 게 어떨까요'라고 하더라고요. 그래서 일단 '오케이, 알겠습니다' 했어요." 이후 그는 전기 작업할 때 쓰는 장갑, 방수 장갑, 바이크 장갑 등을 하나씩 사 모았다. 물을 직접 만지는 일, 큰 기계를 정비하는 일 등을 할 때마다 용도에 맞는 장갑을 끼니 손 부상도 줄었고, 일하기도 전보다 편해졌다.

인터뷰이들이 일하는 시설은 모두 지자체에서 민간 위탁 방식으로 운영하고 있다. 앞서 언급한 인권위의 〈생활폐기물 처리시설 종사자 노동인권 상황 실태조사〉 보고서에 따르면, 2021년 기준 생활폐기물 처리시설의 민간 위탁 운영 비율은 61.2퍼센트에 달한다. 당시 인권위 실태조사를 진행했던 한국비정규노동센터 남우근 정책위원은 '업무 내용과 맞지 않는 작업복'이 지급되는 이유에 대해 이렇게 말했다. "민간 위탁으로 운영되면서 업체들이 비용을 절감하려는 측면이 있다." 그는 "지자체가 직영을 하거나 시설관리공단에서 운영하는 곳의 상황은 조금 나은 편이고, 민간 위탁은 결국 이윤의 논리가 작동할 수밖에 없다. 공공영역에서 이루어지는 민간 위탁 외에 아예 민간업자들이 하는 경우엔 상황이 더 심각하다. 인권위 실태조사는 그런 쪽은 접근하지 못해서 조사 대상에조차 포함되지 않았다"고 설명했다.

보이지 않는 곳에서 일하는 노동자들도 언젠가 '좋은

작업복'을 입고 일할 수 있을까. 일하는시민연구소·유니온센터의
김종진 이사장은 "자본주의 사회에서 작업복은 권력관계"라고
말했다. "권력이 높을수록 재질이 좋고, 선택권도 주어지고, 품격
있게 보이는 옷을 입죠. 권력이 낮을수록 퀄리티는 물론이고
지급 횟수 같은 것들도 전혀 고려되지 않아요. 그래서 '작업복은
권력관계'라고 보는 게 적절할 것 같아요." 남우근 위원은 "업종에
따라 작업복과 장비에 대한 더 세부적인 규정이 마련되어야
한다고 생각한다"고 했다.

"사회에 '음과 양'이 있잖아요. 저는 사회가 돌아가기 위한
최종 단계의 일을 한다고 생각해요." 허윤길씨가 말했다. 그는
다른 이들이 '여기서 일하는 사람이 존재한다는 것'만 알아줘도
좋겠다고 생각한다. "제 친구들도 제가 여기서 일하는지
몰라요. 안 보이니까. 하남 스타필드 옆 지하에 소각장이 있다고
하면, '거기 지하가 있어?'라고 해요. 일반 시민들이 하남시에
폐기물 처리 설비가 있고, 거기서 일하는 사람이 있다는 것
정도만이라도 알아줬으면 좋겠어요."

"온갖
유해 물질을
매일같이
손으로 만지죠"

2년 차 기자일 때 서울 시내 대학들에서 일하는 청소 노동자들의 휴게실을 취재한 적이 있다. 2019년 8월 9일, 폭염 속 창문과 에어컨이 없는 계단 밑 휴게실에서 한 미화원이 숨진 채 발견된 사건이 계기가 됐다. 당시 그의 동료들은 열악한 휴게실이 영향을 미쳤을 것이라고 했다. 그 후 1년이 지난 시점에 돌아본 대학 청소 노동자들의 노동 환경은 별반 다르지 않았다.

청소 노동자들의 휴게실은 지하, 계단 밑 등 사람들의 시선이 닿지 않는 곳에 있었다. 천장이 낮아 허리를 펴지 못한 채 쉬는가 하면, 휴게실이 지하주차장, 흡연실 등과 접해 있어 매연, 담배 연기를 그대로 들이마셔야 했다. 일하는 건물에 휴게실이 없어 화장실 한 칸을 휴게실처럼 쓰는 경우도 있었다. 고용 형태에 따라 휴게실 위치가 지상(직접고용)과 지하(간접고용)로 갈리기도 했다. 한 청소 노동자는 "방치되고 있는 유휴 공간이 학교 곳곳에 있지만, 학교는 미화원들에게 이 공간마저 내주지 않는다"고 했다.

환경미화원의 작업복 역시 마찬가지일 것이라고 생각했다. 안전장구를 구비하는 데 쓰일 예산이 편성되기 마련이지만, 사용자는 이를 제대로 운용하지 않는다. 노동자들은 대개 청소용품에 들어 있을지 모르는 유해 물질에 대한 정보를 알지 못한다. 상황이 이런데, 마스크, 장갑 등 기본적인 안전장구마저 쉽게 받을 수 없다. 산재에 노출될 위험이 적지 않은 이유다.

환경미화원 작업복은 애초 기획 시리즈에는 실리지 않은 내용으로, 책에 담려 별도로 취재했다. 미화원을 취재하며 아버지가 떠올랐다. 20년 가까이 호텔리어로 일해온 아버지는 퇴직 후에도 일을 쉬지 않으셨다. 여러 일을 거쳐 미화 일을 가장 오래 하고 계신다. 미화 노동자 대다수는 원청인 기업과 용역계약을 맺은 하청 업체 소속 비정규직이다. 원청은 복리후생비 명목으로 일정 금액을 편성하고, 피복비는 통상 이 예산으로 운용하도록 되어 있다. 하지만 아버지가 속한 업체는 2년에 한 번 상의 한 벌과 외투 한 벌을 지급할 뿐이다. 바지와 마스크 등은 모두 개인이 사비를 들여 구매해야 한다. 유해 물질에 노출될 위험이 있고 먼지, 매연 등을 흡입하는 노동자들에게 최소한의 안전장치조차 마련해주지 않는 것이다.

흔히 청소 노동은 쉽게 대체될 수 있는 노동으로 여겨지지만, 현장을 한 번이라도 본 사람들은 안다. 구석구석 노하우가 필요하고 성실함이 요구되는 일이라는 것을. 하지만 청소 노동은 그 중요성에 비해 주목받지 못하다가, 노동자의 손이 닿지 않을 때 비로소 눈에 띄곤 한다. 청소를 하루라도 멈추면 어떻게 될까. 보기 좋지 않을뿐더러 시민 건강에도 악영향을 미칠 것이다. 우리는 모두 청소 노동자의 일에 빚지고 있다.

이들의 작업복에 관심을 가져야 할 이유는 또 있다. 늘어나는 기대수명에 비해 퇴직 연령은 빨라지고 있어 그 간극이 결코 작지 않다. 이 기간에 상당수는 노동시장 이중구조의 하층부인 불안정한 비정규직을 맴돈다. 기초연금 등 현재 사회보장제도의 소득 보전율이 낮은 상황에서 온전히 쉴 수 있는 이들은 많지 않다. '좋은 사회'란 무엇인지에 대한 답은 저마다 다르겠지만, '어떤 일을 하든 자긍심을 잃지 않고 일할 수 있는 사회'를 한 가지 답으로 꼽을 수 있지 않을까. 알맞은 작업복을 충분히 지급하는 것은 노동에 온당한 가치를 부여하는 일의 첫 단추다. 내가 무탈히 배우고 성인이 되기까지 아버지의 노동에 크게 빚졌음을 되새기며 환경미화원의 작업 현장에 동행했다.

음식물 쓰레기와 미화원의 손

형광 연둣빛 조끼를 입고 흰색 헬멧을 쓴 환경미화원 유승덕씨가
동료 두 명과 함께 인천 서구 공촌동의 한 편의점에 들어섰다.
"오늘도 손이 까졌네요." 그는 상처 난 오른손을 들어 보였다.
오전 9시가 지나 먹는 첫 끼니는 편의점의 돈가스 도시락. 편의점
한쪽의 탁자에 동료들과 마주앉았다. 1년 전 합류해 유승덕씨와
같이 음식물 쓰레기 상차 일을 하는 동료는 매대에서 컵라면을
골랐고, 차를 운행하는 기사 동료는 아내가 싸준 도시락을
펼쳤다. "내 반찬도 돈가스인데 보고 골랐어야지!" 동료의 핀잔에
그가 멋쩍게 웃었다.

유승덕씨는 12년 차 환경미화원이다. 인천 서구청이
용역계약을 맺은 한 환경 업체 소속 무기계약직으로 일한다. 그의
업무는 서구 내 6개 동의 단독주택 세대들에서 배출한 음식물
쓰레기를 수집·운반하는 것이다. 이 권역에서 수거된 음식물
쓰레기는 2022년 기준 2543톤에 이른다. 새벽 4시 50분에
일어나 씻고 5시 35분쯤 압축 진개 차량인 5톤 트럭이 주차된
차고지에 도착하면, 하루 일과가 시작된다. 음식물 쓰레기를 함께
상차하는 다른 동료, 차량을 운전하는 기사와 3인 1조로 일한다.

이들은 30여 분 만에 식사를 마치고 다시 차에 올랐다. 인천
서구 연희동의 한 주택가에 가는 4분 남짓 동안 그는 양손에
목장갑을 꼈다. 왼손에는 그 위에 위생 비닐장갑을 끼고, 또다시
목장갑을 착용했다. 음식물 쓰레기를 주로 만지는 오른손에는

유승덕씨는 왼손에는
목장갑을, 음식물 쓰레기를
주로 만지는 오른손에는
방수 기능이 있는 PVC
장갑을 낀다. 장갑을 벗은
그의 손은 상처투성이였다.

PVC 장갑을 꼈다. 그는 "원래 기름 만지는 사람들이 쓰는 건데 방수가 잘돼서 이 장갑을 낀다"고 했다.

음식물에서 수분이 나오기 때문에 목장갑을 끼면 손에 오물이 스며든다. 예전에는 목장갑에 코팅 처리만 한 장갑을 줬는데, 그마저도 한 달에 두 켤레뿐이었다. 오물이 묻기 일쑤여서 더러워지면 빨아서 다시 썼다. 음식물 쓰레기에서 나온 물기가 손에 그대로 뱄다. 손이 퉁퉁 붓고 마디마디가 아픈 것이 일상이었다. "집다 보면 구더기도 있고 바이러스도 들어 있을 수 있는 걸 매일같이 손으로 만지죠. 작업하다 어디 가서 씻을 데도 없어요. 유해 물질이 집으로 옮겨지고 아이들한테 영향이 갈 수밖에 없는 거죠."

지자체는 지역에서 발생하는 쓰레기를 처리하는 일을

용역계약을 맺은 업체에 맡긴다. 국내 환경미화원의 75퍼센트 정도가 민간 위탁 업체에 소속되어 있다. 인천 서구는 5개 환경 업체와 계약을 맺고 음식물 쓰레기, 재활용 쓰레기, 생활폐기물을 처리한다. 노조에 따르면, 해당 업체들은 보통 무기계약직으로 상차원, 기사 등을 고용한다. 유승덕씨와 동료들은 매년 근로계약서를 쓰다가 2022년부터는 따로 계약서를 쓰지 않고 있다.

우리가 먹고 버린 것은 어떻게 처리될까

연희동 주택가에 이르자 유승덕씨와 동료가 차에서 내렸다. 이들은 순식간에 차량 뒤편에서 음식물류 폐기물 수거 용기를 받아들고 발걸음을 바삐 옮겼다. 120리터짜리 용기를 끌고 골목을 누비는 유승덕씨는 뛰듯이 걸었다. 그는 가정집에서 음식물 쓰레기를 배출해둔 통들을 일일이 열어 쓰레기를 용기에 넣었다.

사람들은 지정된 배출 장소에만 쓰레기를 버리지 않는다. '투기 금지' 장소에도 음식물 쓰레기가 쌓여 있었다. 골목 안 또 다른 골목, 그는 숨은 그림 찾기 하듯 곳곳에 흩어진 음식물 쓰레기들을 찾아냈다. '달달달' 용기를 끄는 소리, '딸깍' 쓰레기통을 여는 소리, '탕탕탕' 안에 있는 음식물을 용기에 털어내는 소리. 삼박자가 쉬지 않고 이어졌다. 그는 작업 날에 보통 2만 보가 넘는 걸음을 걷는다.

　미화원들은 직접 돌아다니며 치워야 할 음식물 쓰레기의 위치를 몸에 익혔다. 그야말로 인간 지도다. "여기에 내놨다가도 다른 때는 그 옆에 내놓을 수 있기 때문에 잘 살펴봐야 해요. 하던 사람이 계속 가르쳐줘야만 알 수 있어요. 한 사람에게 코스를 가르치는 데 보통 3개월 걸려요."

　종량제 봉투 정량을 넘어 꽉꽉 채워져 터지기 일보 직전인 음식물 쓰레기는 특히 골칫거리다. 처리하는 데 시간이 배로 걸리고, 정리하다 오물이 튀기 마련이다. 쓰레기를 모아 담은 용기를 끌고 경사가 있는 곳을 지날 때는 음식물에서 나오는 "국물을 뒤집어써가면서" 일한다.

　겨울철에는 음식물 쓰레기가 완전히 얼어붙어서, 쓰레기통이 깨질 정도다. 음식물에 밴 수분이 얼어 부피가 팽창하기 때문이다. 통 안에 삽을 넣거나 길쭉한 봉으로 쳐서 빼내는 작업은 녹록지 않았다. 토치로 구워 녹이는 방식이 도입된 뒤로는 좀 더 수월해졌다. 여름철엔 더위, 냄새와 사투를 벌인다. 생활폐기물을 담당했을 때는 정체불명의 날카로운 것들에 찔리고 베이는 일이 허다했고, 주사기 같은 의료용품을 만지다 감염되지는 않을지 노심초사하기도 했다. 혼자서 들기 벅찬 양의 쓰레기를 무릎치기로 들어 올려 차에 싣는 일을 반복하는 탓에 무릎이 성할 날이 없었다.

　유승덕씨와 동료의 작업 속도에 맞춰 어느샌가 차량이 차도 옆에 섰다. 환경미화 일은 그와 같은 상차원들과 기사 간

❶ 유승덕씨가 인천광역시 서구의 한
주택가에서 배출된 음식물 쓰레기를 수거하고
있다. 지정된 배출 장소가 아닌 곳에도
아랑곳하지 않고 쓰레기를 버리는 사람들이
많아서, 주변 곳곳을 유의해 봐야 한다.

❷ 환경미화원들은 음식물 쓰레기가 가득
담긴 쓰레기통을 끌고 다닌다. 경계석은 물론
경사진 길이 곳곳에 있어서, 쓰레기의 무게가
미화원들의 팔, 허리, 다리 등에 고스란히
전해진다.

❸ 통을 차량 뒤편의 리프트 장치에 끼우면 쓰레기가 호퍼(쓰레기를 저장하는 공간)에 쏟아진다. 회전판이 돌아가고 밀판이 밀면서 쓰레기를 호퍼로 집어넣는 방식이다.

❹ 이렇게 음식물 쓰레기를 차량에 옮겨 담은 뒤에는 수거했던 쓰레기통을 원 위치에 돌려놓는다.

합이 잘 맞아야 한다. "그만큼 저희가 더 신경 써야 해요. 사람들 동선 같은 걸 다 확인해야 하고요. 오래 하다 보니 딱 보면 알아요." 기사가 말하자, "표정만 봐도 알 수 있죠. 미화원 표정이 썩었으면 통 좀 받아달라는 거고" 하며 그가 웃는다. "통을 끌 때의 포즈를 보면 알아요. '무겁게 실었구나' 싶으면 기사가 가다가도 차를 세워 받아주고요. 합이 안 맞으면 무거운 걸 계속 끌고 가야 할 수도 있죠." 기사는 같은 권역을 나눠 작업 중인 다른 조의 기사와 틈틈이 통화하며 작업 상황을 공유했다.

차에서 내려 음식물 쓰레기를 수거하고 또다시 차에 타고 내리기를 수차례 반복한 끝에 마지막 작업 장소에 도착했다. 모인 쓰레기를 차량 뒤편의 리프트 장치에 끼우면 음식물 쓰레기가 차량 안쪽으로 쏟아진다. 이어 회전판이 돌아가고 밀판이 밀면서 쓰레기를 호퍼(쓰레기를 저장하는 공간)로 집어넣는 구조다. 차량에 실을 수 있는 쓰레기는 최대 7톤 안팎이다. 김장철이나 명절처럼 쓰레기 양이 많을 때는 차 한 대로는 역부족이다. 유승덕씨와 동료들은 차에 차곡차곡 쌓은 음식물 쓰레기를 처리할 소각 시설로 이동했다.

이야기하지 않으면 주지 않았다

인천환경공단이 운영하는 청라사업소 음식물자원화센터에 도착하자, 다른 청소 차량 두 대가 기다리고 있었다. 미화원들과 기사들은 대기 시간 동안 다른 업체 소속 동료들과 만나 인사를 나눴다. 서로 다른 작업복과 안전장구도 이때 확인한다.

유승덕씨가 A업체 선배 미화원을 환한 웃음으로 반겼다. 그를 통해 노조의 존재를 처음 알았다고 했다. "뭐가 잘못됐는지 알고 싶었어요. A업체에서 민주노총에 처음 가입해서 서구에 있는 환경 업체들이 실질적으로 많이 바뀌었어요. 장갑 개수부터 바뀌었고 없던 휴게실도 생겨나기 시작했죠."

10년 넘게 개인 사업을 해오던 유승덕씨는 경영이 어려워지자, 신혼여행 때 알게 된 지인의 추천으로 환경미화 일로 흘러들었다. 지인 역시 인천의 한 업체에서 환경미화원으로 일하고 있었다. 당시 지인이 확언한 월급은 250만 원이었지만, 그가 첫 석 달 동안 받은 월급은 각각 170만 원, 160만 원, 180만 원이었다. 알아보니 식당 점주를 비롯한 일부 주민들에게 월정액을 받고 몰래 치워주는 이른바 '월정'을 해야 250만 원가량을 손에 쥘 수 있었다. 업체가 이 같은 관행을 묵인·조장하며 구청의 과업지시서상 직접노무비를 밑도는 비용을 임금으로 지급하는 구조였던 것이다.

원청인 구청은 유승덕씨 같은 상차원과 차량 기사들에게 환경 업체들이 지급해야 할 직접노무비의 대행료 대비 비율을 정해놨지만, 현장에서는 지켜지지 않았다. 그는 일이 끝나면 무조건 구청으로 갔다. "그때는 무슨 의욕이 있었는지 모르겠는데 구청 담당자를 달달 볶았어요. 자료 달라고. '준비가 안 돼 있다' 그러면 '언제까지 준비하시겠습니까' 하며 자료가

인천환경공단이 운영하는 청라사업소
음식물자원화센터. '사고 위험 구역'임을 알리는
안내문 옆에는 '반입장 출입 및 음식물류 폐기물
하역 작업시 안전보호구(안전화, 안전모, 마스크 등)
필수 착용'을 권고하는 또 다른 안내문이 붙어 있다.

나올 때까지 계속 찾아갔어요. 귀찮아할 때까지." 업체가 구청에
올린 직접노무비 지급 명단에는 '엉뚱한 이름'들이 적혀 있었다.

쓰레기를 운반하거나 수집하는 업무 이외의 일을 하는
이들은 모두 '간접노무자'로 분류된다. 그런데 간접노무자인
몇몇이 명단에서는 상차원으로 둔갑해 있었다. 이른바 '유령
미화원'들이 직접노무비를 받아야 하는 직원들의 임금을
가로채고 있었던 것이다. 업체 측은 구청에 제출하는 기사 운행

압축 진개 차량이 차 뒤편의 범퍼를 45도 각도로
기울여 호퍼에 쌓인 음식물 쓰레기를 토해냈다.
쓰레기는 스크루를 통과해 1층에 있는 시설에서
처리된다. 유승덕씨와 동료는 스크루나 차량에
음식물 찌꺼기가 걸릴 때마다 긴 꼬챙이로 이를
빼내고, 중간중간 양동이로 물을 뿌렸다.

일지에도 상차원과 기사의 이름 등을 허위로 기재했다. 관리감독
주체인 구청은 이를 걸러내지 못했다. 유승덕씨는 이들이
수년간 착복한 억 단위의 금액을 두 차례 밝혀내 직접노무자인
직원들에게 돌려줬다. 2013년과 2022년의 일이다. 파악된
금액만 6억 원이 넘었다.

　　작업복도 마찬가지였다. 구청이 작성한 과업지시서에는
미화원 1인에게 연간 지급해야 할 마스크 개수부터 피복비까지

정해져 있었지만 그대로 집행되지 않았다. 안전 수칙은 물론
일할 때 갖춰야 할 작업복, 안전장구 등은 환경부 환경미화원
작업 안전 가이드라인에도 명시되어 있다. 이 같은 지침이
무색하게 마스크를 단 한 개도 받지 못한 시간이 오래도록
이어졌다. 코로나가 한창일 때도 한 달에 단 10개만이 주어졌다.
"이야기하지 않으면 주지 않았어요." 유승덕씨가 말했다.

소각장 앞에서 대기하던 차량 두 대가 빠지고 그가 속한
작업조의 차례가 왔다. 차를 타고 한 건물에 들어서 쓰레기 처리
구간 6곳 중 맨 왼쪽으로 향했다. 차량은 차 뒤편의 범퍼를 45도
각도로 기울이고는 쌓인 오수를 토해냈다. 음식물 쓰레기가
머금은 물기가 제거된 뒤에는 음식물 건더기들이 쏟아졌다.
쓰레기는 스크루를 통과해 1층에 있는 시설에서 처리됐다.

양손에 목장갑을 비롯해 비닐장갑과 PVC 장갑을 삼중으로
낀 유승덕씨와 동료는 차량에 걸린 음식물을 중간중간 기다란
막대기로 빼냈다. 음식물이 바닥에 튀지 않도록 삽으로 받치는
것도 이들의 일이었다. 코를 찌르는 냄새에 사방으로 튀는
오물까지, 바닥은 물로 흥건했다. 마스크와 장갑, 방수 기능을
갖춘 신발은 필수였다.

안전을 헐값에 파는 회사들

현재 유승덕씨와 같은 업체에 소속된 음식물 쓰레기 상차원들은

한 달에 목장갑 25켤레, PVC 장갑 다섯 켤레를 받는다. 처리하는 쓰레기 종류에 따라 지급되는 장갑이 다르다. 재활용 쓰레기 상차원들에게는 코팅 처리한 목장갑 25켤레, 절단 방지 장갑 두 켤레가 주어진다. 노조가 직원들을 상대로 수요를 조사해 필요한 물품을 발주서에 쓰고 회사가 결재하는 구조로 바뀌면서 가능해진 일이다.

하나씩만 지급됐던 작업복의 수량이 늘면서 좀 더 여유롭게 갈아입을 수 있게 됐다. 이전에는 안전조끼에 오물이 묻어 더러워져도 세탁하지 못하고 다음 날 그대로 입어야 했다. 또한 회사가 임의로 선정한 옷을 주는 대로 입었다. 입는 사람의 의견을 듣는 과정은 없었다. 일하는 데 알맞지 않은가 하면, 품질이 나빠 아예 입지 않거나 버리는 경우가 허다했다.

'작업복 쟁취기'는 어디까지나 유승덕씨가 속한 업체의 이야기다. 노조가 지속적으로 문제를 제기한 끝에 만들어낸 성과다. 노조가 없거나, 있더라도 협상력이 떨어지는 곳에서는 작업복과 안전장구를 제대로 지급받지 못한다.

인천의 한 업체는 미화원들에게 '불편한 절단 방지 장갑 대신 일반 장갑(코팅된 목장갑)을 받겠다'는 취지의 서면 동의서를 쓰도록 했다. 구청의 과업지시서에는 미화원 1명에게 6500원짜리 절단 방지 장갑을 근무 일수만큼 지급하도록 되어 있다. 미화원들에게 각각 200만 원 넘게 쓰여야 할 금액은 고스란히 회사에 넘어갔다. 하복 바지를 달라는 미화원들의 요청에 이 업체는 "서구의 다른 회사들도 지급하지 않았다"고 주장하며 거절했다.

대행료는 지자체가 용역 업체에 달마다 지급하는 수수료로, 직접노무비·간접노무비 등 노무비와 복리후생비, 보험료 등 경비로 구성되어 있다. 유승덕씨는 업체들이 특히 복리후생비 같은 예산 항목을 아껴 이윤으로 남기려 한다고 설명했다. 일하는 데 필요한 기능을 갖춘 장갑은 5000원짜리인데 무작정 인터넷에서 최저가로 구매한 1000원짜리 장갑을 주고 4000원을 챙기는 식이다. 2022년 한 업체는 환경미화원들에게 쓰도록 책정된 복리후생비의 단 26퍼센트만을 썼다. 이와 관련해 유승덕씨가 구청 담당자에게 문의했더니 전액 집행이 "강제 사항은 아니라 2024년부터 과업지시서에 이를 반영해 이런 일이 없도록 하겠다"는 답이 돌아왔다.

"업체가 원청으로부터 받는 대행료를 아낄수록 이윤이 남는 구조예요. 업체들은 '나는 줬다'는 식으로 가이드라인을 지킨 흉내만 내죠. 직원들 안전과 관련된 문제이고, 겨울철엔 떨지 않고 여름철엔 좀 더 시원하게 일할 수 있도록 하기 위함인데, 복리후생비를 아끼고 아껴서 자기 주머니에 넣는 파렴치한 회사가 많아요."

차에 치이고, 밤새워 근무하고

환경미화원 안전사고는 하루 이틀 일이 아니다. 근로복지공단의 자료에 따르면, 최근 5년(2019년~2023년 7월) 동안 일하다 숨진 환경미화원이 280명으로, 다친 사람은 3만 358명으로 집계됐다.

미화원들은 넘쳐나는 쓰레기를 정해진 작업 시간 안에 빨리 처리하려 차 뒤편에 있는 발판에 올라가 매달린 채 이동해왔다. 이로 인해 차에서 떨어지거나 차에 치이는 등 사고가 이어졌다. 2018년부터 고용노동부 지침으로 청소차 매달리기가 금지됐지만, 현장 인력이 부족한 상황에서 발판 운행은 여전하다. 구청이 적발해 구상권을 청구하자 미화원들에게 벌금을 부과한 업체들도 있다. 유승덕씨가 일하는 업체에서도 미화원 두 명이 800만 원에 이르는 과태료를 냈다.

미화원이 쓰레기를 차량 뒤편에 놓으면 회전판이 이를 압축시킨 뒤 밀판으로 당겨 차량 저장 칸에 쌓아두는데, 이 과정에서 미화원의 손이 회전판에 빨려 들어가 다치는 일도 끊이지 않는다. 차 뒤편 가장자리에 있는 '정지' 버튼을 누르려면 최소 2명의 상차원이 함께 일해야 한다. 3인 1조(기사 1명 포함) 근무가 법이 정한 원칙이지만, "2인 1조일 때도, 혼자서 운전과 쓰레기 상·하차를 동시에 할 때도 있다"고 유승덕씨는 말했다.

야간시간대 안전사고를 막기 위해 주간에만 근무하도록 폐기물관리법 시행규칙이 개정됐지만, 밤에 작업하는 미화원들은 여전히 많다. "냄새난다" "차량 통행에 방해된다"며 민원을 제기하는 주민들에 더해, 과태료를 물더라도 하던 대로 하려는 업체들의 안전불감증 영향이 크다. 몇몇 지자체에서는 폐기물 관리 조례를 손봐 3인 1조 근무, 주간 작업 등에

예외조항을 둬 미화원들이 반발하기도 했다.

인력 보강이 필요하지만 늘려달라고 쉽사리 말할 수 없는 속내는 왜곡된 임금구조에서 비롯됐다. 유승덕씨가 일하는 지역은 수거 예상량에 톤당 단가를 곱해 지자체가 업체에 대행료를 지급한다. 대행료 대비 노무(임금) 비율은 정해져 있다. 직접노무 비율이 57.1퍼센트면 지자체로부터 받은 대행료에서 그 비율 '이상'을 임금으로 지급하게 되어 있는데, 업체는 채용 인원에 관계없이 이 비율을 고수한다. 사람을 더 쓰더라도 회사가 지출하는 비용은 그대로인 것이다. 미화원들 입장에선 '나눠 먹기' 구조가 된다. 유승덕씨는 이렇게 말했다. "일이 안 돌아가 사람을 더 뽑고 싶은데 구해달라는 말을 못하고 작업은 점점 더 힘들어지는 구조예요."

청소 노동자들은 근골격계 질환에도 취약하다. 무거운 쓰레기를 들고 돌아다니고, 구부리는 동작을 수시로 하는 영향이 크다. 유승덕씨가 끌고 다니는 음식물 쓰레기 수거 용기에 쓰레기가 가득 찼을 때의 무게는 80킬로그램에 달한다. 그는 5년 차 때 팔이 접히는 부위에 극심한 통증을 느꼈다. 쓰레기를 수거할 때 주로 쓰는 오른팔을 제대로 움직일 수 없었다. 한 명이라도 빠지면 동료들의 부담이 늘어날까 걱정돼 진통제로 근근이 버텼다. 6개월여가 지나 찾은 병원에서는 팔 근육이 괴사했다며 당장 수술을 받아야 한다고 했다.

그 후 유승덕씨는 산업재해 신청을 했다. 개인의 질병으로 단정하지 않고, 일하다 생긴 산업재해임을 인정하는 하나의

최근 다른 업체 소속 미화원 동료들의
단체협약에 참석한 유승덕씨는 업체
관리자들에게 "당신들 경비를 줄여서라도
미화원에게 해줘야 할 것들을 해달라"고 말했다.
안전하게 일할 수 있는 환경이 조성되고, 차별과
편견의 시선이 거둬지는 것. 매일 새벽 집을 나서
거리의 쓰레기를 치우는 그의 바람이다.

판례를 남기고 싶었다. 그는 "다들 근골격계 질환을 앓고 있지만,
아프면 병원 가는 게 다였다. 질병에 걸린 사람이 증명해야
하니 산재로 인정되기가 어렵다"고 했다. 일하는 모습을 촬영한
영상을 기록으로 남겼고, 분투한 끝에 산재를 인정받았다.

인체에 과도한 부담을 주는 유해 요인을 파악하고 피해를
예방하는 것은 사업주의 책임이다. 산업안전보건법에 따르면,

사업주는 노동자가 무거운 물체를 들거나 단순 반복하는 동작 등 근골격계에 부담이 되는 작업을 하는 경우 3년마다 작업장 상황, 작업 조건 등을 조사해야 한다. 위반시 5년 이하 징역이나 5000만 원 이하의 벌금이 부과된다. 하지만 사용자는 안전에 대한 투자를 회수할 수 없는 '매몰 비용'으로 생각하는 경향이 있다. 노동자들의 고통은 이어지고, 산재 조사에 드는 사회적 비용 또한 불어난다.

유승덕씨는 환경미화원 안전사고를 예방하기 위해 관련 법이 개정되고, 중대재해처벌법도 제정됐지만, 현장에선 피부로 와닿지 않는다고 했다. "안전은 개인이 알아서 지켜야 할 것으로 아는 거예요. 최소한의 안전장구나 가이드라인을 마련하고 교육하는 과정 없이 그냥 던져놓고 '위험하니까 하지 말라고 분명히 말했다' 이런 식인 거예요."

그를 인터뷰하고 9일이 지났을 때다. 밤 9시 30분에 서울의 한 4차선 도로에서 청소차 뒤편 발판을 딛고 매달린 채 일하는 미화원들을 봤다. 차량은 100미터 남짓 가다 멈춰 서기를 반복했다. 그때마다 미화원들은 종량제 봉투에 담긴 생활폐기물을 들어 차에 싣고 발판에 올라섰다. 한 명은 캡모자에 마스크를, 다른 한 명은 모자 없이 검은색 방한 마스크만 착용하고 있었다. 모두 안전모는 쓰고 있지 않았다. 형광색 작업복 뒤에는 '서행'이라고 적혀 있었다. 수십 대의 차량이 이들을 지나 쌩쌩 달렸다. 미화원들은 금세 어둠 속으로 사라졌다. 거리에는 쓰레기가 널브러져 있었다.

2부.
차별을 입히는 옷

"현장에서는
무조건
'남성이 기본'
이에요"

"여기서 나중에 어떻게 가려고 그래요? 차도 안 다니는 곳인데."

경기도 화성의 한 대형 아파트 단지 건설 현장에 나를 내려준 택시 운전사가 못내 걱정스러운 표정으로 말했다. 씩씩하게 괜찮다고 했지만, 택시가 떠나자마자 한없이 막막해졌다. 생각했던 것보다 훨씬 큰 현장이었다. 어쩌자고 이런 곳에 취재를 오면서 차를 가지고 오지 않았을까. 5분에 한 번씩 굉음을 내며 지나가는 대형 트럭들을 보면서 부지 안쪽에서 만나기로 했던 인터뷰이에게 전화를 걸었다. 아직 일을 하고 있을지도 모르는 시간이었다. 얼마나 기다렸을까. 앞에서 은색 SUV 한 대가 비상등으로 신호를 보냈다. 반가운 마음에 달려가 차 문을 열었다. 김명순씨와의 첫 만남이었다.

그와 만난 순간, 나는 내가 형틀목수인 여성 노동자에 대해 특정한 이미지를 그리고 있었다는 것을 깨달았다. 만나기 전 전화 인터뷰를 통해 그의 키와 발 사이즈를 들었음에도, 나도 모르게 '남성과 비슷한 체격의 어떤 여성'을 상상하고 있었던 것이다. 이런 생각을 한 것은 그의 체격이 내가 생각했던 것보다 작았기 때문이었다. 그가 운전하는 차가 그에게 조금 커 보인다는 생각이 들었다.

건설 현장 노동자들은 주로 팀을 이뤄 일을 한다. 김명순씨는 팀 내 유일한 여성이었다. 그의 팀에 유독 여성이 적은 게 아니라, 다른 팀에도 '팀 당 1명' 정도의 여성이 있다고 했다. 그날 우리는 몸에 맞지 않는 것들에 대한 이야기를 잔뜩 했다. 그가 일할 때 입는 작업복 중 몸에 편하게 꼭 맞는 것은 집에서 입던 상의와 하의뿐이었다. 작업을 할 때 중요한 장비들은 하나같이 몸에 맞지 않았다. 컨테이너 휴게실에는 남성 노동자들이 벗어놓은 안전화가 신발장을 꽉 채우고 있었다. "이 브랜드는 좀 좋은 건데

여자 사이즈는 없고요. 이거는 회사에서 준 싼 거예요." 그가 동료들의
신발을 하나하나 들어 보이면서 설명했다. 아무리 길이 조절을 해도 몸에
맞지 않아 직접 자르고 꿰맨 안전벨트를 보면서, 나는 그가 일을 하는 동안
몇 번이나 더 이런 '셀프 수선'을 반복해야 할까 생각했다.

인터뷰가 끝난 뒤 그는 나를 역까지 태워다줬다. 우리는 차 안에서
조금 더 개인적인 이야기를 나눴다. 여자가 일을 한다는 것, 자신이 하는
일을 좋아한다는 것에 대해 이야기하며 여러 번 웃었다. 형틀목수는
콘크리트가 세워지기 전 아무것도 없는 빈 공간에 처음으로 거푸집을 짜
새로운 공간을 만들어내는 직업이다. 그는 일을 더 잘하고 싶었는데 잘되지
않아 속상했던 이야기, 그래도 지금은 잘하고 있고 스스로도 성취감을
느낀다는 이야기, 무엇보다 '내 돈 내가 벌어 쓰니까 좋다'는 이야기를 했다.
계속해서 "제 일이 좋아요"라고 했다. 자신의 몸에 꼭 맞는 신발도, 벨트도,
장갑도 없는데 말이다. 일이란 때론 참 이상하다. 역에 도착해 차에서 내릴
때쯤엔 그의 차가 조금도 그에게 커 보이지 않았다.

자르고 꿰매 만드는 작업복

형틀목수 김명순씨의 안전대에는 여기저기 오래된 바느질
자국이 있다. 양 어깨와 허리춤, 허벅지 부분의 바느질 자국은
다른 부분과 박음질 모양도, 실 색깔도 조금 다르다. 직접 꿰맸기
때문이다. 안전대는 건설 노동자들이 전신에 착용하는 띠 모양의
보호구다. 높이가 2미터 이상인 곳에서 작업할 때 추락을 막기

위해 쓴다.

그와 같은 건설 노동자들에겐 이렇다 할 작업복이 없다. 그는 집에서 입던 낡은 긴팔 셔츠, 앉았다 일어났다 하기에 편한 긴바지를 입고 출근한다. 회사가 지급하는 것은 의복이 아니라 안전모와 안전화, 그리고 안전대 같은 보호구다. 어떤 옷을 입든 이 세 가지만큼은 퇴근할 때까지 김명순씨의 몸에 붙어 있다. 건설 노동자에겐 보호구가 옷이나 다름없다.

키 151센티미터, 발 사이즈 220밀리미터의 여성인 김명순씨에게는 회사에서 주는 보호구 중 몸에 맞는 것이 거의 없다. 보호구 사이즈가 대부분 '남성'을 표준으로 제작되기 때문이다. 지금 쓰는 그네식 안전대도 그가 직접 자르고 접고 꿰매 몸에 맞춘 것이다. 인터뷰 당시 그는 경기 화성시에 위치한 한 대형 아파트 단지를 짓는 현장에서 일하고 있었다. 2019년 안산 건설기능공학교에서 일을 배운 뒤 다섯 번째로 만난 일터다.

"안전대는 기능학교에서 줬는데, 그때도 안 맞아서 줄여서 썼어요. 이렇게 접고 꿰매서 한 3~4년 쓰다 지금 현장 오면서 버렸어요. 더러워지면 빨아서 썼죠." 새 현장에서 받은 안전대 역시 어깨 품이 컸다. 벨트 모양의 끈이 어깨와 다리, 가슴 등 전신을 감싸는 그네식 안전대는 치수가 안 맞으면 바로 흘러내린다. 신체를 지지해 추락을 방지하는 본연의 기능을 상실하는 것이다.

김명순씨가 어깨부터 허벅지까지 이어져 있는
베이지색 그네식 안전대를 차고 있다. 암벽
등반가들이 하네스를 착용하는 것처럼, 건설
노동자들은 안전대에 달린 고리를 비계 등에
고정해 추락을 방지한다. 그러나 김명순씨가
처음 받은 안전대는 너무 커서 그 기능을
제대로 수행하지 못했다.

신발에 발을 맞추다

안전대는 고쳐 쓸 수라도 있지만, 아예 그럴 수 없는 것도 있다.
안전화가 그렇다. 건설 현장의 바닥은 위험하다. 고르지 않은 땅
곳곳에 못같이 뽀족하고 단단한 것들이 널려 있다. 지하의 경우
물기가 많은 탓에 미끄러지기 쉽다. 따라서 발바닥 부분에 철로
된 얇은 내답판이, 발끝 부분에 마찬가지로 철로 된 선심이 있는
안전화를 자신의 발 사이즈에 맞게 착용하는 것은 최소한의
안전장치다.

현장에서는 매번 안전화를 지급하기 전 김명순씨에게
치수를 물었다. 하지만 현장을 네 번 옮기는 동안 발에 맞는
신발을 받은 적은 한 번도 없다. "현장에서는 여성이 소수잖아요.
작은 걸 선택해도 없어요. 225밀리미터면 딱 좋을 텐데⋯⋯"
그가 이번에 받은 안전화는 235밀리미터다. 자신의 발 크기보다
10밀리미터나 큰 사이즈를 받았다.

그가 안전화를 벗자 도톰한 형광 연둣빛 깔창 두 개가
나왔다. 깔창도 좋은 것은 하나에 2만 원 정도 한다. 그는 여기에
두꺼운 등산 양말을 두 켤레나 겹쳐 신는다. "지금은 더워서
양말을 하나 신었는데, 원래는 이런 양말을 두 켤레씩 신어요.
겨울에는 두꺼운 버선도 신고요." 발에 신발을 맞추는 것이
아니라, 신발에 맞춰 깔창과 양말을 활용해 발 크기를 늘리는
셈이다. "불편하죠. 양말은 양말대로 돌아가고, 발은 발대로
돌아가고. 그냥 그렇게 일해요. 신발이 딱 맞지 않으니까 걷다가

안전화의 구조. 신발 안에 철로 된 선심과
내답판이 들어 있다. 선심은 발 앞코와
발가락을, 내답판은 발바닥을 보호한다.

자꾸 걸려요. 조심해서 걷기는 하는데 발목이 꺾일 때가 많죠.
아직 다친 적은 없어요. 일단 신발 끈을 꽉 조여요. 좀 아프기는
해요. 걷다 보면 다시 늘어나긴 하는데 일단 그렇게 하죠."

양말을 여러 겹 신기 어려운 더운 여름에는
225밀리미터짜리 안전화가 나오는 브랜드를 찾아 직접 사서
신는다. "여름 거는 보통 5~6만 원 주고 사서 신어요. 지금도
차에 새로 사둔 게 한 켤레 있어요. 한 번 사면 신는 기간이요?
아휴, 안전화 잘 써봐야 석 달이죠."

한겨울에는 추위에 대비하기 위해 따뜻한 안전화를 산다.
"현장에서 주는 건 추워서 못 신어요. 털 있는 걸로 사서 신죠. 털
있는 건 가격이 비싸서 현장에서 잘 안 줘요. 겨울에는 신발이
눈이랑 물에 젖으면 퍼지거든요. 퍼졌다 마르고, 퍼졌다 마르고

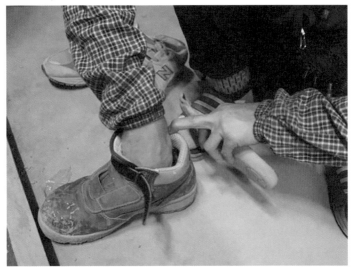

🔼 김명순씨가 자신의 안전화가 얼마나 큰지 설명하기 위해 신발 안에 깔아둔 깔창들을 빼고 있다.

🔼 발 사이즈가 225밀리미터인 그에게 지급된 안전화의 사이즈는 235밀리미터다.

하면서 이음매가 떨어져요. 겨울 안전화는 한 12만 원 정도 해요."
가끔은 시장에 있는 신발 가게에 가서 웃돈을 주고 현장에서 준
신발을 다른 신발과 교환해 신기도 한다.

　김명순씨의 남편도 그와 같은 형틀목수다. 둘은 같은 일을
하지만, 때마다 치수에 맞게 보호구를 수선하거나 사비를 들여
사는 것은 김명순씨뿐이다. "남자들은 기본적으로 다 맞죠.
여성들은 키가 좀 크다 해도 몸집이 작으니까 조금씩 줄여서
착용할 거예요. 아마 대부분의 현장에서 그럴 걸요?"

　김명순씨보다 발이 조금 큰 형틀목수인 남한나씨의 상황
역시 비슷하다. 그의 발 사이즈는 240밀리미터다. "저 같은
경우는 커도 그냥 신었어요. 245밀리미터까지는 (회사에서) 줘요.
그런 거 주면 거기에 깔창 세 개 깔고 신었죠." 그는 이런 일들이
벌어지는 이유에 대해 "현장에서는 '남성이 기본'이기 때문에
그렇다"고 말했다. "보통 남성들 사이즈별로 미리 구비해놓죠.
좋은 제품들은 사이즈가 딱 구분되잖아요? 그런데 현장에서
주는 것들은 시장에서 막 파는 이름 없는 신발들인 경우가
많아요. 225~230밀리미터는 따로 주문해야 하는데, 오는 데
오래 걸리고 그러니까…… 현장에서는 (이미 다른 사이즈를) 이만큼
사놓았으니까 그렇게 주려고 하지 않죠. 안전벨트도 좋은 것
중에는 사이즈가 있는 게 있어요. 그런데 현장에서는 제일 싼 걸
주기 때문에 막 잘라서 쓰는 거예요."

표준의 기준이 남성일 때

한국여성정책연구원은 2020년 〈여성 건설근로자 취업현황과
정책방안〉 보고서를 냈다. 보고서에는 여성 건설 노동자
507명을 대상으로 진행된 설문조사 결과가 담겼다. 56퍼센트가
안전보호장비를 사용하며 불편함을 느낀 적이 있다고
답했는데, 이 중 57.4퍼센트는 '안전장비의 크기가 잘 맞지 않아
불편했다'고 호소했다.

　면접조사에 응한 인터뷰이들은 김명순씨, 남한나씨와
비슷한 이야기를 꺼냈다. "불편한 게 아니고 아예 신지를
못하죠. 안전화 제일 작은 게 225밀리미터예요. 저는 덩치가
큰 편이라도 245밀리미터밖에 못 신으니까 큰 거 신으면
넘어지더라고요."(7년 차 알루미늄 거푸집 작업자)

　"안전띠는 정말로 크거든요. 저희가 보수 작업을 할 때
메는 안전벨트가 있는데 그런 건 여성분들이 체격이 작아서
굉장히 힘들어요. 안전벨트도 큰 사람들, 남성 기준 보통 크기로
나오기 때문에 조절이 잘 안 되거든. 여성용 안전벨트가 좀
있든가 이렇게 되면 좋겠다는 생각이 들어요."(27년 차 타워크레인
기사) 〈여성 건설근로자 취업현황과 정책방안〉 보고서는 "모든
안전보호장비들이 남성의 신체를 기준으로 제작되기 때문에
여성들의 신체적 특성을 반영하지 못한다"면서 "이러한 장비는
안전보호장비로서 그 기능을 제대로 하지 못할 뿐 아니라 여성
노동자들의 업무 효율성을 저하시킬 수 있다"고 지적했다.

김명순씨가 발목에 착용하고 있는 주황색
플라스틱은 각반이다. 바지 끝이 다른 물체에
걸리지 않도록 조여주는 기능을 한다. 하지만
여성 노동자들은 이 각반조차 맞는 사이즈가 없을
때가 많다. 큰 사이즈의 각반은 발목에서 겉돈다.

보호구 안전인증에 관한 고용노동부 고시(제2020-
35호)는 안전대, 안전화, 안전모 등 12개 품목의 성능 기준을
규정하고 있다. 업체가 이 기준에 따라 보호구를 만들면,
한국산업안전보건공단이 이를 검토해 안전인증을 실시한다.
산업안전보건인증원 보호구 인증부의 채승수 차장은
"업체에서 보내오는 사이즈를 보면, 키 170센티미터, 몸무게
70~80킬로그램 정도의 중간 체격 성인 남성을 기준으로 만든
경우가 많다"고 말했다.

안전화의 경우 '안전화를 몇 밀리미터 이상으로 만들어야

한다'는 식의 기준은 없다. 다만 성능기준표상 발 앞코를 보호하기 위해 안전화에 반드시 있어야 하는 선심의 길이는 '최소~225밀리미터' 사이즈를 기준으로 할 때 34밀리미터로 해야 한다. 230밀리미터 이하의 크기를 가정해 그 치수에 들어가는 부품의 크기까지 규정한 것이다. 채승수 차장은 "안전화의 크기별 안전인증은 다 되어 있다. 220밀리미터 소형까지 인증을 해준다. 그 수요가 적어서 제조사가 만들지 않는 것뿐"이라고 말했다.

안전대나 안전모 같은 보호구의 성능 기준에는 '길이 조절이 가능해야 한다'는 취지의 문구가 있다. 그네식 안전대와 관련해서는 "골반 부분과 어깨에 위치하는 띠를 가져야 하고, 사용자에게 잘 맞게 조절할 수 있을 것"이라고 되어 있다. 김명순씨의 안전대도 어깨와 허리 길이를 조절할 수 있다. 하지만 기본 사이즈 자체가 크게 나오기 때문에 조절을 해도 여전히 품이 크고, 조절한 만큼 끈 길이가 길게 남기 때문에 결국 직접 자르고 꿰맬 수밖에 없다. 채승수 차장은 "가장 문제가 될 수 있는 부분이 안전대다. 안전대의 경우 제조 업체에 이야기해서 여성이 착용해도 안전한 소형 안전대를 만들 필요성이 있다"고 강조했다.

소형 보호구 수요, 정말 없는 걸까?

산업안전보건기준에 관한 규칙은 건설, 용접 등 특정 현장의
사업주에게 "작업 조건에 맞는 보호구를 작업하는 근로자
수 이상으로 지급·착용하도록 해야 한다"고 명시하고 있다.
보호구에 이상이 있으면 수리하거나 다른 것으로 교환해주는
등 노동자가 항상 사용할 수 있도록 관리해야 할 의무도 있다.
다만 지급되는 보호구가 '몸에 잘 맞아야 한다'는 내용까지는
포함하고 있지 않다.

영국은 업무상 개인 보호구 규정Personal Protective Equipment at
Work Regulations에서 사업주가 제공해야 하는 안전보호장비에 관해
밝히고 있다. 해당 규정은 "사이즈와 핏, 호환성, 장비의 무게,
그리고 쓰는 사람의 신체적 특성을 고려해 작업자에게 맞는
장비를 선택해야 한다. 몸에 맞추기 위해 장비를 고치는 것은
적절한 방법이 아니다"라고 명시한다. 또한 "하네스(안전벨트)와
구명조끼 같은 일부 개인 보호구의 경우, 몸에 잘 맞는 정확한
사이즈를 선택하는 것이 특히 중요하고, 치명적인 위험으로부터
보호하기 위해 그렇게 해야 한다"고도 권고한다. 한국의
기준보다 훨씬 세밀하고 구체적이다.

업계에서는 여성 노동자들이 착용하는 소형 보호구가
많이 제작되지 않는 이유에 대해 '수요가 없기 때문'이라고
말한다. 안전보호구협회의 이병훈 국장은 "건설 현장은 남성에
비해 여성의 비중이 적다 보니, 제조 업체에서 소형 제품을

❹ 김명순씨가 자신이 일하는 건설 현장에 있는 남성용 휴게실에서 안전대를 차고 있다.
❹ 그의 안전대에는 몸에 맞게 수선한 바느질 자국이 있다.

그가 속한 팀에 여성 형틀목수는 그 혼자다. 보통 직종별로 한 휴게실을 쓰는데, 남녀가 구분되어 있지는 않다. 그는 평소에 자신의 차 안에서 옷을 갈아입는다.

만들면 시장성이 없다고 판단하는 것 같다. 보호구 제조 업체들 대부분이 소규모 사업장이어서 그런 면도 있다"고 말했다.

여성 노동자들은 안전화가 발에 맞지 않으면 새것을 요구하는 대신 끈을 꽉 조이거나 사비로 다른 제품을 구입한다. 안전대가 맞지 않아도 직접 수선해서 쓴다. 현실이 이런데, 정말 소형 제품에 대한 수요가 없다고 할 수 있을까? 한국여성정책연구원의 김경희 명예선임연구위원은 "개인적으로 해결하기 때문에 마치 수요가 없는 것처럼 보이는 것"이라며 "'성별 특성을 고려해 안전장비를 지급해야 한다'는 내용이 고용노동부 지침에라도 들어가면 조금이나마 변화를 만들 수 있지 않을까 생각한다"고 덧붙였다.

"매일 쓰는 건데 좀 몸에 맞게 줬으면 좋겠다는 생각은 했어요. 그런데 기존에 남자만 있던 현장이라, 그렇게 쉽게 바뀌진 않는다는 거 알고는 있었어요." 김경희 위원 말대로 작업복 문제를 개인적으로 해결해온 김명순씨가 말했다. "개인적으로 쓰는 돈은 내가 일하기 편하게 하려고 하는 거니까 아끼진 않아요. 말해서 해결되는 것도 아니니까 말하지도 않아요. 회사에 이야기하면 눈 밖에 날 수도 있으니까요." 현장에서 소수인 여성 노동자들은 불편한 점이 있어도 회사에 쉽사리 이야기하지 못한다. 그렇지 않아도 여성 노동자들을 적극적으로 고용하려고 하지 않는 업계인데, 이런저런 의견을 제시했다가는 일하기가 더 힘들어질 수 있기 때문이다.

'여성은 일을 못한다'는 편견은
어떻게 생기는가

몸에 맞지 않는 작업복은 개인의 안전에 큰 위협이다. 김경희 위원은 이 문제가 개인의 안위를 넘어 '여성은 일을 못한다'는 편견을 재생산하게 될 수도 있다고 우려한다.

"우리가 좋은 운동화를 신으면 달리기도 잘할 수 있잖아요. 적합한 장비를 받으면 일의 능률도 오르죠. 일당 받으면서 내 발에 맞는 신발을 개인적으로 살 수 있는 사람이 얼마나 되겠어요? 내가 여기서 얼마나 일할지도 모르는데. 그 여성은 맞지 않는 신발을 신고 일하니 일을 잘하기 어렵겠죠. 그럼 '여자들 일 못하네. 이래서 여자는 안 돼'라는 말이 나올 거고요. 일을 잘할 수 있는 환경을 만들어주지 않으면서 그 개인이 아니라 '여성'이라는 집단에 대한 책임으로 돌리는 거예요. 발에 맞지 않는 안전화는 안전에도 위협이 되지만, 여성의 성역할에 대한 고정관념도 강화시키는 거죠. 사실 건설 현장에서 남성 노동자들이 여성 노동자들에게 그렇게 호의적이지 않거든요. 특히 목수 같은 경우는 임금 수준도 (상대적으로) 조금 높은 편이에요. 그런데 과거엔 그 일을 다 남자들이 했거든요. 어느 순간 여자들이 늘어나면서 '여자들이 남자들 일자리 뺏는 거 아니냐'는 식의 시선도 생기는 거죠."

결국 몸에 맞는 작업복은 김명순씨나 남한나씨 같은 여성 노동자가 건설 현장에 더 많이 진입하게 만들 수 있는 최소한의

김명순씨가 형틀 작업을 할 때 쓰는 각종 도구들.
안전대, 허리 벨트는 쇠와 가죽으로 된 도구들의
무게까지 견딜 수 있도록 몸에 잘 맞아야 한다.

조건이다. 이에 대해 김경희 위원은 이렇게 말했다. "성별 임금 격차를 줄이기 위해 여성이 많이 종사하는 돌봄 관련 직종의 임금 수준을 높이는 것도 중요하지만, 이전에 남성이 주로 해왔던 직종에 여성이 들어갈 수 있는 환경을 만들고 지원해주는 것도 굉장히 중요해요. 우리 사회는 아직 그 부분이 약한 것 같아요. 여성도 변하잖아요. 과거에는 '남자들이 하는 일 어떻게 해' 했지만 지금은 '못할 게 뭐 있어'라고 하죠. 저는 20~30대만 그런 줄 알았거든요. 그런데 40~50대인 분들도 그러세요. 아이 좀 키우고 나서, '내가 일을 해봐야겠는데 어떤 일을 하지?' 고민할 때 이전엔 남자들이 주로 해왔던 일에 도전하는 경우도 많아요. 중장비 자격증이 있는 여성도 의외로 많고요."

김명순씨는 형틀목수가 되기 전 오랫동안 식당 일을 했다. 하루 종일 힘들게 일해도 별로 남는 게 없던 때였다. "식당은 돈이 안 돼요. 10시간 넘게 일을 해도 한 달에 받아가는 돈이 180만 원인가 그랬어요. 조금 오래 하니까 200만 원 좀 넘을 때도 있었는데, 세금 떼고, 보험 떼고, 뭐 떼고 하니까 남는 게 없더라고요. 원래 세 번 정도 쉴 수 있는데, 그걸 안 써야 30만 원쯤 더 받아요. 그래서 너무 힘들었어요."

그는 지금은 일하는 게 재미있다고 했다. 자신의 두 손으로 만든 형틀이, 저 큰 건물의 뼈대가 되었다는 생각을 하면 뿌듯하다. "직업 하나 바꾸는 게 쉽지 않잖아요. 해보던 일도 아니고 처음이니까. 처음엔 '남자들만 있는 데서 내가 잘할 수 있을까' 싶었어요. 막상 해보곤 '2~3년 더 빨리 시작할걸' 하는 생각이 들었어요. 남편이 (건설 일을 하라고) 설득 많이 했죠. 어차피 나와서 일할 거면…… 제가 원래 쉬는 성격이 아니에요. 집에서 놀라고 해도 안 노는데, 일할 거면 건설 현장에 가라고 하더라고요. 처음엔 두려움도 있었어요. 그래도 있잖아요, 저는 일하는 게 재미있어요."

그는 현장에서 일하던 작업복 차림 그대로 퇴근할 때가 많다. 작업할 때 입었던 조끼를 그대로 입은 채 동네를 돌아다니면 남편은 그에게 '그렇게 하고 다니지 말라'고 말한다. 하지만 그는 "건설 현장에서 일한다는 것을 숨기고 싶지 않다"고 했다. "저희 남편은 작업복 조끼 입고서 집 있는 동네로 들어와 본 적이 없어요. 그런데 저는 아니에요. 저는 작업복, 노조 조끼, 모자까지 다 써요. 부끄러운 일이 아니잖아요? 숨기고, 드러내기 힘든 직업이라고 생각하지 않아요. 아무리 험난한 현장에서 일을 한들, 내가 편안하고 행복하면 그게 좋은 거 아닌가요? 나는 그렇게 생각해요."

"여자라고
차별받을수록
이 악물고
끝까지 버텨야죠"

일상에서 용접하는 모습을 보는 건 그렇게 어려운 일이 아니다. 길거리에서, 공사장에서, 건설 현장에서 용접면을 쓰고 하얗고 노랗고 빨간 불꽃을 마구 튀기며 철판과 씨름하는 사람들의 모습을, 누구든 한 번쯤은 봤을 것이다.

하지만 이 모습을 사진으로 찍는 건 완전히 다른 이야기다. 얼굴을 드러내고 사진을 촬영하는 데 동의한 사람이라도, 자신의 일터를 배경으로 찍을 수 있는지 물어보면 고개를 저었다. 용접 현장이란 언제든 사고 위험이 있는 곳인 데다, 외부인의 출입도 자유롭지 않다. 우리가 원하는 장소에서 원하는 콘셉트로 조명을 설치하고, 충분한 시간을 들여 사진을 찍는다는 건 인터뷰이는 물론 적절한 공간까지 모두 섭외하지 않으면 불가능한 일이었다.

이곳저곳 묻고 물은 끝에 전남 여수국가산업단지(이하 여수산단)에서 일하는 여성 용접사 박효심씨와 임윤경씨의 허락을 구해냈다. 실제 일하는 현장에는 들어갈 수 없지만, 가스 탱크 등을 현장에 넣기 전에 제작하는 공간인 '숍'에서 사진을 찍을 수 있다고 했다. 날씨의 영향을 많이 받는 야외 현장과 달리 실내 공간인 숍은 비가 오거나 바람이 많이 불어도 작업을 할 수 있다.

여기에 한 명을 추가로 섭외했다. 이제 막 용접을 배우기 시작한 소민정씨다. 그 역시 자신의 얼굴이 나오는 건 상관없지만, 자신이 소속된 한국폴리텍대학에서 찍는 건 어렵다고 했다. 학교에 다시 양해를 구하거나 공문을 보내야 하는 절차가 필요했고, 다른 장소를 찾아보기에는 시간이 부족했다. 그래서 소민정씨에게 물었다.

"혹시, 여수로 함께 가주실 수 있나요?"

당연히 교통비와 식사비 등을 모두 지원하는 조건이었지만, 쉽게 응해줄 거란 기대는 없었다. 그가 거주하던 인천에서 여수까지는 너무 멀었고, 오로지 기획팀의 사진 촬영을 위해 평소에 입던 옷과 쓰던 장비를 모두 챙겨와달라는 건 당황스러울 법한 요구였다.

하지만 그는 이런 급작스런 제안에 잠시 고민하더니, 흔쾌히 답했다. "저도 어차피 일할 건데, 미리 현장에 한번 가보고 싶어요. 재미있을 것 같아요."

그렇게 우여곡절 끝에 여수산단의 민주노총 플랜트건설노조 사무실 2층에서 세 여성이 처음 마주 앉았다. 일한 지 10~20년이 훌쩍 넘은 베테랑 용접사 박효심씨와 임윤경씨는 여전히 고등학생처럼 보일 정도로 앳된 소민정씨의 모습이 마냥 신기한 모양이었다. "어떻게 젊은 사람이, 그것도 여성이 용접을 배울 생각을 했느냐"는 질문에서 시작한 대화는 용접 종류와 작업 환경, 그리고 일할 때 입는 작업복에 대한 이야기로 자연스레 이어졌다. 누군가는 자신의 과거를 되돌아보며, 또 누군가는 자신의 미래를 꿈꾸며 분위기는 순식간에 화기애애해졌다.

밥그릇 차지한 그들만의 세계

여수산단에서 일하는 여성 용접사 박효심씨는 약 20년 전, 처음 현장에 갔던 때를 또렷이 기억한다. 60만 톤에 달하는 거대한 가스탱크의 철판 윗부분을 용접하러 올라가자, 남성 작업자들이 수군거리기 시작했다. 당시 여수산단은 지금보다도 훨씬 여성이 드물었고, 불과 열과 빛을 다루는 용접은 당연히 남성들 몫이었다. 기분 나쁜 수군거림을 한 귀로 듣고 흘리려 했지만 이내 회사가 그를 압박했다. "다른 사람들이 여자 작업자를 쓰면 일을 안 하겠다고 하네."

결국 일주일 만에 탱크에서 내려온 뒤로 지금까지, 그에게 용접은 내내 악착같이 버텨야 하는 '밥그릇 싸움'이었다. 여성 용접사에게 작업복이란 이 밥그릇 싸움에서 가장 먼저 넘어야 할 관문과 같다. 2023년 기준 여수산단 플랜트 분야에서 일하는 노동자 1만 2000여 명 중 여성은 1000여 명이다. 이들 중 대부분은 청소나 화기 감시, 트럭 등 중장비 유도 일을 한다. 박효심씨 같은 용접사는 10명도 채 되지 않는 극소수다.

남성이 대부분인 작업 현장, 여성 노동자를 아예 쓰지도 않는 공장에서는 0.1퍼센트를 위한 작업복이 없는 걸 당연하게 여긴다. 상·하의는 물론 안전모, 용접 장갑, 안전화, 토시, 각반까지 모든 옷과 장비는 이미 밥그릇을 차지한 다수에게 맞춰져 있다.

용접사들의 작업복에 대해 이야기하려면 먼저 용접의 종류부터 살펴야 한다. 용접은 전열, 텅스텐 전극봉, 아르곤 가스, 이산화탄소CO_2 등 금속을 녹이는 방식에 따라 종류가 달라진다. 박효심씨가 하는 전기 용접은 쉽게 말하면, 기계의 전류(암페어)와 전압(볼티지)을 맞춰서 용가재를 녹이는 방식이다. 암페어가 500이면 볼티지는 30, 하는 식으로 기계를 조정하면서 철을 용융시킨다. 언뜻 정해진 숫자만 맞추면 되는 단순 작업으로

박효심씨가 용접기를 다루고 있다. 그가 처음
용접 현장에서 일을 시작할 때만 해도 여성
용접사는 그 혼자였다. 그는 온갖 편견을 뚫고,
없는 길을 만들어 여기까지 왔다.

들리지만, 실제 현장에선 실력에 따른 차이가 크다. 철판의 상태나 접합 부위의 간격 등을 봐가면서 미세하게 계속 조정해야 하기 때문이다. 판과 판을 반듯하게 수평으로 붙이느냐, 높이를 조금씩 올리느냐, 코너 형태냐 고리 형태냐에 따라 모두 다르다.

성별에 따라 용접의 종류가 달라지는 것은 아니지만, 소수인 사람들끼리 뭉칠 수밖에 없기 때문에 결국 지역이나 플랜트 현장의 상황이 선택에 영향을 미친다. 박효심씨와 함께 여수에서 일하는 13년 차 용접사 임윤경씨는 "여수에는 탱크 용접이 많아서 전기 용접(자동 용접)을 하지만, 전남 광양에서 일하는 여성들은 다 CO_2 용접을 한다"고 했다.

20년 차 용접사인 박효심씨는 전기 용접이 좋다고 말했다. "나도 아크랑 CO_2랑 이것저것 다 해봤는데 전기 용접이 제일 나은 것 같아요. CO_2는 배 구석탱이 들어가서 쪼그리고 해야 하고, 냄새도 연기도 많이 나니까 용접면도 다 갖춰 써야 하고……" 임윤경씨도 옆에서 거들었다. "우리처럼 자동 용접 하면 용접면 안 쓰고 눈 보호용 차광 안경만 쓰면 돼요. '후락스'(용접시 산화물이 생기는 것을 방지하고 접합이 확실하게 이루어지게 하는 물질인 플럭스flux를 말한다)가 용제를 덮어주거든요."

기술 전문학교인 한국폴리텍대학에서 용접을 배우고 있는 소민정씨는 "학교에서는 당연히 모든 용접을 다 배우는데, 보통 여성이 가는 지역이 한정적이다 보니 그 지역의 특성에 맞추는 것 같기도 하다"고 말했다.

"경기 평택 고덕 신도시에 여자 용접사가 두어 분 계시다고 들었어요. 그 외엔 여자들을 안 써준대요. 학교에서도 보면 전기 용접보다는 텅스텐 전극봉을 사용하는 티그TIG 용접을 선호하거든요. 그게 돈을 더 많이 줘서 그런 것도 있지만, 여자들을 잘 써주는 게 티그래요. 티그 용접은 다른 용접에 비해 섬세한 작업을 할 수 있기 때문에 조그마한 데도 쓰이거든요. 그런데 여자처럼 몸집이 작으면 작업하러 구석에도 들어가기 좋으니까."

박효심씨는 티그 용접의 고충과 위험성에 대해 이야기했다. "그러니까 그게 파이프 밑이나 좁은 데 들어가서 끼임 사고 생길 수도 있고, 티그 용접 하면 흄 가스를 계속 마시니까 정말 안 좋아요. 대신 우리가 하는 전기 용접은 계속 허리를 숙이고 몸이 오그라든 채로 일하니까 관절염이 많이 오지."

작업복은 '내돈내산', 안 맞는 건 '셀프 수선'

남성이 다수인 작업장에서 여성 노동자끼리는 말 한마디, 눈짓 한 번에도 서로의 생각과 고충을 알 수 있다. 일하기에 적합한 작업복이 없다는 것 또한 이들에게 주요한 대화 주제 중 하나다.

불꽃이 시시때때로 튀고 강렬한 빛이 뿜어져 나오는 용접 작업장에서는 기본적으로 100퍼센트 면으로 만들어진 데님 작업복이 필수다. 스패터(불똥)가 튀어도 옷과 몸에 눌어붙지 않고 타버리기 때문이다. 두꺼운 청 작업복은 500도의 고열과 땀에 뒤섞이면 몸을 거칠게 조이는데, 그렇다고 시원함을 강조하는 기능성 티셔츠나 통풍이 잘되는 나일론 재질의 옷은 절대 입을 수 없다. 용접 과정에서 나오는 열과 자외선 때문에 옷이 빨리 삭고, 무엇보다 빛이 투과해 화상을 입을 수 있어서다.

박효심씨를 비롯한 여성 용접사들은 보통 개인적으로 구매한 청남방과 청바지를 입는다. 회사에서 안전장비나 작업 도구 외에 옷은 주지 않는 데다 가끔 나오는 것마저도 남성용이라 "영 못 입을 정도"여서다. 그는 "남자 바지를 입으면 허리는 한참 남고, 엉덩이와 허벅지 부분은 꽉 낀다"며 "허리를 수선해도 옷이 딱 맞는 게 아니라 거추장스럽다"고 했다.

"일반 의류 매장에서 여성용 청바지를 따로 사는 거예요. 주위에 파는 가게가 많아요. 인터넷에서 사면 어떨 때는 작고, 어떨 때는 크고 잘 안 맞더라고. 회사에서 나오는 작업복을 남자 동료들한테 몇 번 얻어 입어봤는데 안 돼요. 벙벙한 건 둘째 치고, 바지 길이라거나 허벅지 폭이라거나 다 안 맞아서 못 입겠더라고요."

이들은 서너 달에 한 번, 별 특장점 없는 2~3만 원짜리 싸구려 청남방과 바지를 몇 벌 사서 입고 한철 지나면 버린다. '좋은 옷을 입는 것'보다 '누구보다 일을 잘하는 것'이 생존을 위해 더 중요해서다.

조금 비싸지만 더 부드럽고 질이 좋은 작업복을 처음부터 구매해서 입으면 좋지 않겠냐고 물으니, 임윤경씨는 고개를

▶ 박효심씨가 자신의 작업복을 모두 갖춰 입고 카메라 앞에 섰다. 체형에 맞지 않는 남자용 작업복은 오히려 작업에 방해가 되기 때문에, 그를 포함한 여성 작업자들은 청남방과 청바지를 따로 구매해 입는다.

저었다. "여름에 입은 옷은 한철 지나면 해져서 못 입어요. 작업한 뒤에 옷을 벗으면 속옷 자국만 남고 온몸이 새카맣게 다 타요. 철판에 햇빛이 반사돼서 그래요. 그렇게 입고 빨고 하다 보면 금방 망가지니까 또 사는 거죠."

'여자라서 안 된다'는 편견

땅바닥에 철판과 철판을 놓고 이어 붙이는 플로어 작업에선 앉았다 일어날 때마다 매무새를 가다듬는 게 일이다. 말려 올라간 윗옷은 끌어내리고, 통이 커 펄럭이는 바지는 추켜올리고, 각반을 조이고, 가죽 장갑의 '찍찍이'(벨크로 테이프)를 뗐다가 다시 붙이는 모든 작은 행동이 쌓이고 쌓여 또 다른 '작업'이 된다. 박효심씨는 "딱딱한 재질의 청바지를 입으면 앉으나 서나 불편하다. 다리 뒷부분이 옷에 쓸려 거치적거리니까 작업에 방해가 된다"고 말했다.

남성의 파이가 큰 분야에서 여성은 제대로 기술을 배울 기회도, 일할 현장도 얻기 어렵다. 이들은 흩어진 모래알처럼 여러 지역의 여러 공장에 산발적으로 존재한다. 충남 서산에서 배관 용접을 하는 12년 차 용접사 김신혜씨는 "일을 잘할 수 있는데도 여자라는 이유로 시켜주지 않는 게 너무 서러웠다"고 돌아봤다.

그가 원래 하던 일은 작업장 내 화기 감시다. 용접 작업자

옆에서 스패터가 튀진 않는지, 인화성 물질은 없는지 등을 감시하는 역할이다. 그는 "아르바이트로 딱 두 달 했는데 너무 힘들었다. 하루 종일 땡볕에 서서 그것만 쳐다보는 게 너무 재미없었다"며 "그러다 용접하는 남자들을 봤는데, '저 아저씨가 하는데 나라고 못할까?'라는 생각이 들었다"고 설명했다.

용접을 배우려고 물어물어 노조 사무실을 찾아갔더니, 강사는 첫 여성 수강생이던 김신혜씨를 보고 '며칠 있다 가겠거니' 하며 방치했다. "지금은 그 선생님과도 친해졌지만, 처음에는 제가 뭘 물어봐도 제대로 알려주지 않는 거예요. 그래서 일부러 더 파고들었어요. 이 기계는 어떻게 쓰는 거냐, 그라인더는 처음 잡아보는데 이게 맞냐 하면서 막 달려들었죠."

제조업 공장 교대 근무, 트레일러 운전 등 각종 일을 전전하다 마흔에 시작한 용접은 '이거 할 만한데?' 싶을 정도로 적성에 잘 맞았다. 딱 3개월 만에 용접기능사 자격증을 따 현장에 나갔다.

하지만 현실은 녹록지 않았다. 아무리 자격증이 있어도, 실제 작업 현장에서 일할 기회를 주는 건 남자인 현장 소장들이었다. "회사에서 사람을 뽑기 전에 용접을 얼마나 잘하는지 보려고 기량 테스트란 걸 해요. 그런데 여자라서 신분이 안 된다고, 아예 그 시험을 못 보게 하더라고요. 그런 점이 너무 힘들고 서운했어요."

각종 편견을 뚫고 어렵게 들어간 현장인 만큼 원하는 작업복을 갖춰 입는 건 불가능에 가까웠다. 서산 지역에서 김신혜씨 한 명뿐이던 여성 용접사는 10년의 세월이 흐르며 7~8명으로 늘었지만, 여전히 바뀌지 않은 것들이 많다. "회사에서 모든 사람의 체형에 맞는 옷을 줄 수가 없잖아요. 그러면 작든 크든 그냥 입어야 하는 거예요."

박효심씨 역시 다른 작업자들의 어깨너머로 기술을 배웠다. "아들을 키워서 대학에 보내고 나니까 집이 텅 비고 할 일이 없더라고요. 친척 중에 여수산단에서 일하는 사람이 있었는데, 그분을 따라 여수까지 내려간 게 시작이었어요. 현장에 남자들이 쓰던 기계가 있었는데, 그 사람들 하는 걸 보고 더듬더듬 배웠죠. 제대로 안 가르쳐주니까."

생활의 일부가 된 고충과 차별

이것은 비단 용접 현장만의 일이 아니다. 오랫동안 남성 작업자 위주로 돌아갔던 현장, 여성 작업자의 비중이 크지 않은 곳에서는 모두 비슷한 고충을 겪는다. 여수산단 내 공장에서 도장 작업을 하는 김미란씨는 기본 티셔츠와 바지 위에 상·하의가 붙어 있는 피스복(페인트를 칠하는 노동자들이 주로 입는 방진복)을 입는다. 회사에서 사주지 않아 개인적으로 사서 쓰는 XL(엑스라지) 사이즈의 이 피스복은 페인트가 옷과 피부에 스며드는 걸 막아준다. 하지만 자신의 몸에 맞는 사이즈를 고를 수 없기 때문에 항상 불편하다. "지금 입는 옷은 너무 커서 벌렁거릴 정도예요. 몸통을 기준으로 하면 두 배가량 될 정도로 품이 커요. 특히 도장을 할 때 좁은 구역을 왔다 갔다 하는데, 옷이 너무 크니까 작업하면서 페인트가 많이 묻죠."

신장이 165센티미터인 김신혜씨는 "L(라지)이나 M(미디엄) 사이즈의 옷은 품은 좁은 대신 길이가 너무 짧다"며 "어차피 '내돈내산'(내 돈으로 내가 산다는 뜻)이라 시판 제품을 억지로 입는데, 조금 타이트하면 좋겠다는 바람이 있다"고 말했다.

이들에게 작업복이란 알아서 구해 입는 것이다. 여성 용접사들은 저마다 단골 작업복집이 있고, 자신만의 수선 노하우가 있다. 임윤경씨는 "옷과 장비를 몸에 맞게 만들어 쓰는 건 일상"이라고 했다. "회사에서 주는 각반은 보통 프리 사이즈인데, 팔다리 얇은 이모(동료 작업자를 부르는 말)들은 그것도 크죠. 그러면 일회용 마스크에 있는 고무줄을 갖다가 종아리랑 발등에 끼워요. 그냥 그렇게 쓰는 거예요."

'셀프 수선'에 쓰이는 도구는 다양하다. 몸 전체를 덮어버릴 정도로 품도 길이도 큰 용접용 가죽 앞치마는 긴 끈을 잘라서 바느질하거나 본드로 붙이고, 줄줄 흘러내리는 각반과 토시는 절연 테이프로 친친 감아 고정한다.

임윤경씨는 "남자 작업자들이 자기들 일을 여자한텐 안 가르쳐준다. 여자 작업자를 쓰는 곳도 별로 없다"며 "여자가 몇 안 되니까 서로 '무슨 옷이 더 낫더라' 하며 정보도 공유하고, 같이 사고, 그렇게 정착한 게 지금"이라고 설명했다. '쪽수'가 적으면 어쩔 수 없으니까, 처음부터 그게 당연했으니까, 이젠

습관이 됐으니까…… 수십 년간 외면해온 불편함은 어느새
생활의 일부가 됐다.

장갑부터 신발까지, 총체적 난국

하지만 이제 막 현장에 나간, 혹은 나갈 준비를 하는 젊은
용접사들에게 이 불편함은 당장 해결해야 할 크나큰 고민거리다.
2022년 플랜트 배관 설비 회사에 입사한 정지영씨(가명)는 "다른
건 고쳐 쓰거나 대체품을 찾으면 되는데, 제일 필요한 장갑은
도저히 어떻게 할 수가 없다"고 토로했다.

그는 입사한 뒤에 회사에서 출퇴근용 점퍼와 머리에 쓰는
용접면, 안전화, 용접 장갑을 포함해 각종 장비를 받았다. 하지만
자신의 몸에 맞지 않는 장비 탓에 불편함을 겪고 있다. 그는
"키가 160센티미터에 신발 사이즈는 230밀리미터 정도로 그렇게
작은 체구는 아니다. 그런데도 장갑은 남성 기준으로 맞춰
나오는 걸 쓰다 보니 손가락 부분이 많이 남는다"고 설명했다.

국가기술표준원이 운영하는 산하기관인 사이즈코리아의
한국인 표준 인체 치수에 따르면, 30대 여성의 손 직선 길이(손목
시작점부터 중지 끝) 평균은 17센티미터, 손 너비(엄지손가락을 뺀
손바닥) 평균은 7.3센티미터다. 30대 남성보다 길이도, 너비도
1~2센티미터 짧다. 그런데 시판용 용접 장갑은 보통 총길이가
24~25센티미터, 너비가 12~13센티미터 정도여서 착용했을 때

공간이 남아 손가락이 헛돈다.

"쇳물을 만들 때 모재母材(용접이나 가스 절단의 대상이 되는 소재)에 용접봉 같은 금속 첨가물을 계속 밀어 넣어야 하는데, 손가락이 어디까지 닿았는지 감이 없는 채로 일해요. 총길이가 23센티미터, 너비가 11센티미터인 좀 작은 장갑을 따로 사봤어요. 그래도 커요. 장갑은 100점 만점에 10점 주고 싶어요."

여느 작업복이나 작업 도구와 달리, 용접 장갑은 불과 열에 강한 가죽 소재로 만들어지기 때문에 수선해서 쓰는 것도 쉽지 않다. 가위로 자르거나 박음질해서 크기를 줄이는 것 자체가 불가능하다.

정지영씨가 하는 티그 용접은 작업 특성상 얇은 용접봉을 계속 손에 쥐고 있어야 하기에 장갑이 꼭 맞지 않으면 힘이 많이 들어간다. 같은 물체를 집더라도 얇은 수술용 라텍스 장갑을 착용할 때와 설거지용 고무장갑을 낄 때 차이가 큰 것과 같은 이치다.

"그냥 장갑도 손에 맞지 않는 걸 끼면 뻑뻑하고 불편하잖아요. 그런데 용접 장갑은 작업에 반드시 필요한데도 크기가 안 맞으니까 많이 힘들죠. 바닥에 무언가 떨어졌을 때 줍는 것도 어려워요. 장갑을 벗고 집은 뒤에 다시 껴요."

소민정씨는 당장 기술을 익히는 것보다 "사람이 옷에 부대끼는 게 힘들다"고 말했다. 신장이 152센티미터라 여성 중에서도 특히 작은 편이어서, 성인 남성에게 맞는 작업복을 입으면 마치 담요에 싸인 것처럼 보인다.

"바지는 너무 길어서 가위로 잘라버렸고, 윗옷 소매는 둘둘 걷어서 토시 안에 욱여넣어요. 그 위에 청재킷을 입고, 앞치마를 또 입어요. 거기다 머리카락을 다 가리려고 청두건을 쓰고 방진 마스크와 용접면까지 쓰면 옷만 입어도 힘들죠. 용접 때문이 아니라 옷 때문에 쪄 죽을 것 같아요."

학교 등에서 하는 용접 실습 때는 금속을 녹여 동그란 모양의 비드bead를 가늘고 긴 띠 모양으로 겹겹이 쌓는 작업을 한다. 비드는 용접된 두 판의 이음새를 뜻한다. 잘된 용접 비드에는 균열이나 구멍이 없다. 이때 용접판을 들고 계속 왔다 갔다 해야 하는데, 크기가 맞지 않은 신발을 신는 소민정씨는 그때마다 휘청거린다. 그는 "발 치수가 210밀리미터인데, 제일 작게 나오는 안전화가 235밀리미터다. 거기에 깔창을 덧대 신어도 발이 걸려 넘어질 때가 있다"면서 "지금은 어쩔 수 없이 일반 운동화를 신는데, 현장에선 어떻게 할지 걱정된다"고 말했다.

일반적인 성인 남성을 기준으로 할 때 목에서 무릎까지 내려오는 가죽 앞치마는 소민정씨가 입으면 정강이 아래까지 주욱 내려온다. 윗옷은 활동성을 위해 조금 큰 사이즈의 옷을 입기도 하지만, 이때는 팔길이가 너무 긴 게 문제다. 손 크기를 훨씬 웃도는 큰 장갑은 뜨거운 불과 열에 타버리기 일쑤다.

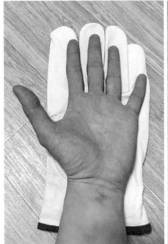

손 장갑 사진 정지영(가명)

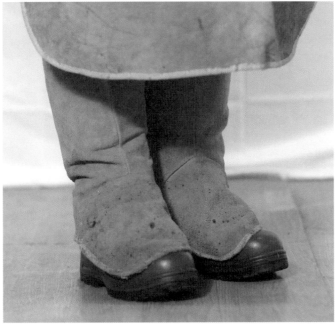

😟 옷 이외에 안전장비를 착용하는 것도 여성 용접사들의 큰 고충이다. 정지영씨(가명)는 "용접 장갑을 끼면, 1~2센티미터가량 남아 손가락이 헛돈다"고 토로했다.

😟 소민정씨는 사이즈가 큰 바지를 고정하기 위해 스플리트 소가죽으로 된 각반을 신는데, 그마저도 제대로 너무 커서 발목 아래까지 흘러 내려온다. 안전화를 완전히 덮을 정도로 헐거운 각반은 움직일 때 거추장스럽다.

안전을 지켜주지 못하는 작업복

박효심씨와 임윤경씨는 몸에 맞지 않는 큰 옷을 겹겹이 입은 소민정씨를 보더니 곧장 이렇게 받아쳤다. "당연히 남자들 기준으로 만들어서 크지. 그러니까 안 맞을 때는 어느 정도 알아서 만들어야 돼. 꼭 그렇게 원형 그대로 할 필요 없고 잘라 써요. 자체 제작을 하는 사람이 많거든."(박효심)

"처음 작업복을 받아보니까 가늠이 안 돼요. 가슴이 있으니까 상의는 여유롭게 입고 싶어 XL 사이즈를 주문했는데, 받고 보니 너무 큰 거예요."(소민정)

"그래도 작은 것보단 큰 게 나아. 청 재질이 기본적으로 늘어나질 않으니까 오히려 작으면 너무 불편하지."(임윤경)

"그러니까 우리는 회사에서 나오는 옷이랑 별개로 결국 여자 옷을 따로 사야 돼. 남자용을 입으면 옷이 펄럭펄럭거리고 작업을 할 수가 없으니까. 펑퍼짐한 옷이 절대 편하지 않아. 땀을 많이 흘리고 할 때는 오히려 딱 붙는 게 좋아요."(박효심)

몸에 맞지 않는 작업복은 작업에 불편을 초래할 뿐 아니라 노동자의 안전 또한 위협한다. 현대건설기계의 사내 하청 업체인 서진이엔지의 해고 노동자 변주현씨는 2019년 쇠를 자르는 그라인더 작업을 하다 기계에 옷소매 부분이 빨려 들어가는 사고를 당할 뻔했다. 원체 힘이 많이 드는 일이라 기계에 체중을 실었는데, 팔이 앞으로 조금 나와 있는 상태에서 순식간에 벌어진 일이었다.

▶ 신장이 152센티미터인 소민정씨는 용접 작업복과 안전장비를 모두 착용하면 마치 담요에 둘러싸인 것처럼 보인다. 지나치게 큰 옷은 작업에 방해가 될 뿐 아니라, 기계에 빨려 들어가 심각한 안전사고를 일으킬 위험이 있다.

당시 용접공 중 유일한 여성이었던 변주현씨는 "입사 직후 작업복 한 벌만 받았는데, 소매 끝이 손 절반을 가릴 정도로 컸다. 펭귄처럼 뒤뚱뒤뚱하며 다녔다"고 말했다. "나중에 회사에 '사이즈가 안 맞으니 다른 작업복을 달라'고 했는데, 생색을 내며 '아껴 입으라'고 하더군요. 그렇게 받은 것도 L 사이즈였어요."

기술을 배우는 단계에 있는 소민정씨 역시 크고 불편한 옷 때문에 고민이 깊다. 그는 "현장이 엄청 위험한 건 아니지만, 그래도 항상 스패터가 언제 어디로 튈지 모른다"며 "옷과 장비가 헐렁하니까 사이사이로 들어가서 타버리는 경우가 많다"고 했다.

"사이즈가 큰 바지를 고정하려고 스플리트 소가죽 소재의 각반을 신는데, 각반도 둘레가 너무 커서 헐렁하기 때문에 발목 아래로 흘러내리거든요. 안전화를 다 덮을 정도로 내려오니까 움직일 때마다 거추장스럽죠. 계속 그 부분만 밟혀서 더러워져요. 종아리 부분에 화상도 많이 입고요."

실제로 현장에서도 화상 사고가 가장 많이 발생한다. 용접할 때 불꽃이 몸으로 튀어 불이 붙어도 잘 인지하지 못하는 게 문제다. 마스크를 쓰고 그 위에 용접면을 또 쓰기 때문에 시야가 제한되고, 냄새도 잘 맡지 못하기 때문이다. 용접을 하다가 문득 팔이나 다리 쪽을 보면 옷 한쪽이 타고 있는 경우가 비일비재하다. 그래서 용접 현장에서는 작업자 2명당 방화 감시자 1명이 붙는다.

차별에 맞서 끝까지 버텨야죠

여성 작업자를 위한 적절한 작업복이 없다는 건 그동안 그들의
존재 자체가 너무 희미해 문제로 드러나지 않았다는 뜻이기도
하다. 박효심씨는 처음 일을 시작할 때 '아줌마는 집에 가서
밥이나 하지'라는 식의 비하 발언을 들었다. 이제 막 용접에
재미를 붙여가고 있는 소민정씨 역시 '용접 배우는 여자애들은
갈 데까지 간 막장'이라는 모욕을 마주해야 했다.

과거에 비해 여성 용접사가 많이 늘었지만, 이들에 대한
인식이나 처우는 여전히 10~20년 전과 크게 다르지 않다.
성별 임금 격차나 고용률 역시 제자리걸음이다. 여수산단 여성
용접사의 일당은 13만 5000원. 같은 곳에서 같은 일을 하는
남성은 20만 원이 넘는 일당을 받는다.

임윤경씨는 "이런 문제를 제기하면 회사에선 '남자는 딱
용접 기간만 계약하고, 여자는 공기工期 전체를 계약하고 청소
업무까지 하니까 총수입은 비슷하지 않느냐'고 한다"며 "우리
실력을 충분히 인정받지 못하는 것 같다"고 말했다.

소민정씨는 20대 때 외국을 여행하면서 자신의 꿈을
키웠다. '낯선 나라에서 생활할 때 제일 필요한 건 뭘까'
생각하던 그가 내린 답은 어느 나라에 가든 쓸 수 있는 기술인
용접이었다. "도배나 미장도 생각해봤는데, 그보단 용접이
재미있어 보이더라고요. 실제로 배우다 보니 어딜 가든
살아남는 기술이라는 생각이 더 들었죠. 비드를 잘 쌓으면 정말

소민정씨의 용접면과 용접 장갑. 손 크기보다
훨씬 큰 장갑은 손가락 끝부분이 항상 남는데,
뜨거운 불과 열에 의해 타기 일쑤다.

뿌듯하기도 하고요.”

하지만 여자라는 이유로 실력을 있는 그대로 인정받지
못할 수도 있다는 생각을 하면 여전히 고민될 때가 많다. 그는
“학교에서 보면 여자들이 훨씬 섬세하고 꼼꼼한데도 ‘어차피
취업은 남자가 잘한다’고 말하는 분위기가 있다”며 “기술을
익히려고 찾은 곳에서도 여전히 남아 있는 차별을 마주하면
회의감이 든다”고 했다. 그래서 여성 용접사들의 목표는
오히려 단순하다. 바로 “이 악물고 끝까지 버티는 것”이다. 없는
작업복을 직접 만들어 입었듯, 아무것도 가르쳐주는 사람이 없어
남성들이 하는 걸 어깨너머로 보고 배웠듯, 길이 없으면 만들면

된다는 게 이들의 생각이다.

오랫동안 한 분야에서 자신만의 길을 개척해온 이들에게 후배 여성들에게 하고 싶은 말이 있는지 물었다. 소민정씨를 보고 웃으며 "애처롭다. 고생길에 접어드는구나 싶다"라고 농담하던 임윤경씨는 이내 곰곰이 생각하더니 "나는 탱크 하나를 다 작업하고 난 뒤의 기쁨, 자부심 때문에 일한다"고 말했다.

"제일 큰 기름 탱크 용량이 80만 톤이에요. 거대한 철판과 철판을 이어 붙이는 작업을 하는 데 길게는 1년 가까이 걸리죠. 그걸 다 하고 나면 우리가 해냈구나, 이런 기쁨이 들어요. 용접은 섬세한 기술과 집중력이 필요해요. 비드가 딱 예쁘게 나왔을 때, 우리가 작업한 탱크가 멀리서도 보일 때 정말 좋죠."

"일은 '깡다구'로 하는 거다. 여자들이 먼저 자기 할 일을 똑바로 하면 된다"는 박효심씨의 말에선 경험에서 우러난 강한 자신감이 느껴진다.

"작업복으로 갈아입을 때 군인이 군복을 갖춰 입는 것처럼 딱 마음이 잡혀요. 25킬로그램짜리 용접 와이어와 무거운 공구를 옮기는 건 당연히 힘들죠. 하지만 다른 사람에게 의지하지 않고 스스로 하는 게 좋고, 저는 아직 일이 재미있어요. 완전히 파묻혀서 하다 보면 시간 가는 줄도 모르거든요. 남자들이 많이 하는 일이라고 해서 우리가 못할 건 뭐예요. 그래서 용접하는 젊은 사람들 보면 참 좋아요. 먼저 나서서 배우고, 뭔가 하려는 건 정말 멋진 일이잖아요?"

'재수 없는 여자'였던 여성 1호 용접사

한국폴리텍 II 대학 남인천캠퍼스 박은혜 교수

"용접을 배우려는 여성은 많이 늘었는데, 아직도 작업복이나 장비는 현실을 따라오지 못하는 게 너무 아쉬워요. 교수로서 저 역시 고민이 큽니다."

한국폴리텍 II 대학 남인천캠퍼스에서 만난 박은혜 교수는 예전 회사에서 받은 살짝 색이 바랜 청재킷을 입고 있었다. 언제든 현장으로 뛰어갈 듯한 모습이었다. 2004년 국내 최초로 '여성 용접기능장'을 따낸 그는 "늘 혼자였지만 용접 일 자체를 좋아해서 지금껏 버틸 수 있었다"면서 "앞으로 여성들이 갈 현장은 성별 구분 없이 실력을 잘 발휘할 수 있는 곳이었으면 한다"고 강조했다.

1990년대, 지금보다 훨씬 남성중심적 분위기가 강했던 공장에서 그는 "재수 없게 여자가 왔다"며 다른 작업자가 뿌린 소금을 맞는 설움을 겪었다. "한여름 현장에선 작업자들이 기력을 보충하려고 늘 굵은 소금을 주머니에 차고 있었다. 여자가 현장에 있다는 것 자체가 재수 없다는 식의 미신이 많았는데, 소금을 맞을 줄은 몰랐다"고 돌아봤다.

용접기능장이 된 후에도 '유일한 여자'로서 끊임없이 존재 가치를 증명하고 좋은 결과를 내보여야 했다. 그래서 젊은 나이에 용접의 세계로 뛰어들려는 후배들을 보면 고마움과 씁쓸함이 공존한다.

학생을 가르치는 그에게도 작업복은 골칫거리다. 학교에선 시판 작업복을 대량 주문해 나눠주는데, 기본적으로 남성용밖에 없어서 여학생들이 난처할 때가 많다. 그는 "여전히 고무줄을 끼우거나 세탁소에서 수선하는 등 사이즈의 문제를 당연하게 받아들이는 게 현실"이라며 "분명히 수요가 있는데도, 좋은 작업복을 줄 수 없어 선배이자 여성으로서 안타깝다"고 말했다.

특히 그는 "아무리 드론을 띄우고 기술이 발전해도 뿌리산업에 대한 지원은 그대로"라면서 "개개인에게 맞는 옷과 안전장비를 지급하려면 충분한 뒷받침이 필요하다"고 강조했다. "학교에서 작업복이나 장비는 대량으로 구매하는데, 애초에 여성용에 대한 수요가 적다 보니 공급처에서도 세분화해서 제작하질 않아요. 개인이 사비를 털어 줄이거나 맞춤옷을 만드는 걸 당연하게 여기는 경향이 있죠. 이런 문화부터 바뀌어야 해요."

그는 여성 노동자의 수를 늘리는 것 역시 여성 용접공에 대한 여전한 편견과 차별을 없애는 중요한 방안이 될 수 있다고 강조했다. "용접은 성별 상관없이 개인에 따라 실력차가 뚜렷해요. 그래서 더 많은 여성이 용접에 관심을 두고, 더 부지런히 현장으로 가면 좋겠어요. 여학생들에게 '너희끼리 뭉쳐야 한다'고 많이 말해주거든요. 한 명이 두 명으로, 두 명이 세 명으로 점점 늘어나면 결국 서로에게 힘이 될 테니까요."

"왜 여자만
유니폼을
입어야 하나요?"

모든 작업복에는 계급이 담긴다. 무슨 옷을 입고 어떤 모자를 쓰고 어떤 사원증을 목에 거는지는 그 사람이 사회와 조직에서 어디쯤 서 있는지를 보여준다. 작업복 중에서도 서비스업 종사자들이 주로 입는 유니폼은 그만의 특색이 있다.

회사 이름과 정체성을 드러내는 유니폼은 구성원에게는 소속감과 자부심을, 고객에게는 신뢰감을 준다. 유니폼은 고객과 직원을 구분하고, 평상복과 작업복을 분리한다는 점에서 유용하다. 하지만 성별과 계급에 따라 차이를 둔 유니폼은 기능적·상징적 유용성을 넘어 필요 이상의 통제 수단으로 작용하기도 한다.

앞서 등장한 작업복들이 사측의 무관심이나 너무 적은 피복비 책정에서 비롯하는 열악함을 드러낸다면, 유니폼에는 또 다른 문제들이 얽혀 있다. 회사는 유니폼에 큰 관심을 기울이는 듯하지만, 유니폼을 입는 노동자보다는 그 노동자가 어떻게 보일지를 주로 고려하곤 한다.

호텔 안내데스크에서 일했던 인터뷰이가 보내준 사진 속 여성 직원들은 허벅지까지 올라오는 길이의 H라인 치마에 허리선이 들어간 타이트한 재킷을 입고 있었다. 이런 유니폼은 일하는 데 방해가 될 뿐만 아니라 고객 입장에서도 편해 보이지 않는다. 서비스 이용자의 편의를 도모하는 노동자들의 편의와 건강은 고려 대상이 아닌 걸까. 곳곳에서 유니폼을 입고 일하는 이들을 마주할 때마다, 이 같은 의문이 고개를 들었다.

'보이기 위해' 입는다는 유니폼의 특성은 시선의 권력과 얽혀 있다. 누구에게 어떤 유니폼이 요구되는지를 보면, 성별과 계급에 따라 작동하는 차별이 보인다. 해당 직업군의 노동자는 으레 이러해야 한다는 기대와 편견이 유니폼에 고스란히 투영된다. 가부장제에서의 성역할에 대한 고정관념이 작용하는 경우도 많다. 특히 직급이 낮은 여성은 조직에서 기대 역할을 수행해야 할 하나의 피사체 혹은 대상으로 여겨지곤 한다.

지금부터 풀어갈 이야기는 '유니폼을 없애자'는 주장이 아니다. 선택권을 아예 박탈하는 것과 선택지를 주는 것은 엄연히 다르다. 제한된 선택지를 내미는 것 역시 한계가 있다. 유니폼을 입을 노동자의 의견을 모아 함께 선택지를 만들어가야 한다. 유니폼의 기능을 충족하면서도 일하는 사람의 자긍심을 높일 수 있는 작업복은 불가능하지 않다. 일각에서는 노동자의 편의를 고려하는 방향으로 유니폼을 개선하는 움직임이 있지만, 변화의 필요성을 외면한 채 정체된 조직도 많다. 여전히 바뀌지 않은 현실의 면면을 들춰보며, 차별과 권력을 드러내는 물질로서의 유니폼에 대한 이야기를 담아내고자 했다.

여자는 당연히 치마?

지난 2022년 경남 지역 소도시의 한 호텔에서 일하다 그만둔 권희연씨(가명)는 입사할 때만 해도 호텔리어라는 직업에 대한 자부심이 컸다. 유명 관광지에 자리 잡은 것도 아니고 규모도 크지 않은 비즈니스호텔이었지만 손님들이 편히 머무르도록 돕는다는 생각에 뿌듯했다. 직원들은 각자 깔끔하면서도 활동성이 괜찮은 정장 형태의 옷을 갖춰 입고 일했다.

그러던 어느 날 회사에서 여성 직원들을 상대로 복장 지침이 내려왔다. "유니폼을 맞춰 입으라"는 지시였다. 상사는 한 인터넷 사이트에서 찾은 유니폼 사진 몇 장을 메신저로 보내면서 의견을 물었다. 견본 사진 속 옷들은 하나같이 촌스럽고 불편해 보였지만 직원들은 그나마 편해 보이는 디자인을 골랐다. 하지만 결국 상사가 추천한 디자인이 채택됐다.

갑작스러운 유니폼 착용 지침도 당혹스러웠지만 가장 이해하기 어려웠던 건 여성 직원들은 무조건 치마를 입어야 한다는 규정이었다. 엉덩이와 허벅지에 딱 달라붙는 H라인 치마는 길이도 짧아 끝단이 무릎 위로 한 뼘 가까이 올라왔다. 당시 권희연씨는 로비 안내데스크(프런트)에서 일했다. 작은 호텔이라 안내데스크 담당이더라도 안내 외에 여러 업무를 처리해야 했다. 고객이 요청한 물품을 가지고 객실로 올라갈 일이 많았고, 청소부(룸메이드) 일손이 모자랄 경우엔 직접 침대 시트를 교체하거나 침구 정리까지 해야 했다.

이런 일을 할 때 몸에 딱 붙는 짧은 치마가 편할 리 없었다. "걸을 때 불편한 건 물론이고, 허리를 숙이면 치마가 딸려 올라갔어요. 너무 답답해서 다른 옷으로 갈아입고 일하는 사람도 많았죠." 치마는 권희연씨를 보이는 시선에서 자유롭지 못하게 옭아맸다. 그는 "유니폼을 입고 고객들을 마주칠 때 훑어보는 시선들이 가끔 느껴지는데, 치마를 입었다면 너무 많이 신경 쓰였을 것 같다"고 했다. 스타킹을 신어야 해 위생도 걱정이었다.

남성 직원들은 변함없이 각자의 취향에 따라 옷을 사서 입었다. 회사는 한술 더 떠 "주는 게 없어 미안하다"면서 남성 직원들에게만 피복비를 지급했다. "여자는 당연히 치마"라고 공공연하게 이야기하는 이곳에서 권희연씨는 '일하는 사람'이 아니라 '눈요깃거리'가 된 것 같은 기분을 지울 수 없었다.

회사에 바지 유니폼은 왜 주지 않느냐고 묻자 "바지는 따로 구매하라"는 답이 돌아왔다. 바지를 입고 싶으면 각자 사서 입으라는 것이다. 찾아보니 한 벌에 7만 원짜리 바지였다. 그는 "매일 입어야 하는데 당연히 하나로는 부족했다"면서 "치마는 그냥 주고 바지는 따로 사 입으라는 건 주는 대로 입으라는 뜻 아니었겠느냐"고 말했다. 사비를 들여 산 바지를 입고 출근한 날, 회사 대표는 그를 위아래로 쓱 훑어보더니 한마디 했다. "치마 안 입었네? 다리에 문신이라도 했나?"

'입고 싶은'과 '입히고 싶은'의 간극

같은 일터에서 같은 일을 해도 성별에 따라 다른 옷을 입도록 강요하는 관행은 유니폼이 어떻게 통제의 수단으로 작용하는지를 보여준다. 이런 차별과 통제는 여성이 많이 종사하는 호텔, 은행, 항공사, 백화점 등 서비스업계에서 두드러진다. 고용 형태가 불안정한 노동자들이 많은 곳에서 자주 나타나는 현상이기도 하다.

권희연씨가 근무했던 호텔에는 여성 직원들은 굽 높이가 5센티미터 이상인 구두를 신어야 한다는 지침도 있었다. 신발은

권희연씨(가명)가 호텔 재직 당시 지급받은
유니폼. 상의는 흡습성이 떨어지는 폴리에스터
소재에 허리가 타이트하게 재봉돼 착용감이 좋지
않았다. 엉덩이와 허벅지에 딱 달라붙는 H라인
치마는 끝단이 무릎 위로 한 뼘 올라올 정도로
짧았다. 결국 그는 사비를 들여 회사가 지정한
유니폼 판매 사이트에서 바지를 사 입었다.

각자 사서 신어야 했다. 그를 비롯해 안내데스크에서 근무하는 직원들은 3교대를 하며 사실상 주 6일, 하루 9시간 동안 근무했다. 그가 일했던 호텔의 안내데스크에는 의자도 없었다. "고객님이 보기에 안 좋으니" 그럴 것이라는 추측만 난무했다. 휴게시간으로 1시간이 지정되어 있었지만 부족한 인력 탓에 10분 만에 식사를 해치우곤 했다.

발을 쉬게 할 틈이 없었다. "돈을 아끼려고 3만 원짜리 신발을 샀는데 매일 9시간씩 신고 있으면 눈물이 찔끔 날 정도로 발이 아팠어요. 다리에 쥐가 나서 평소 하던 운동도 못할 정도였고요. 저만 그런 줄 알았는데, 다른 직원들도 그랬다고 하더라고요."

발을 감싸는 면적이 좁고 바닥이 얇은 하이힐은 오래 신으면 각종 질환을 일으킬 수 있다. 하이힐을 신으면 체중의 90퍼센트가 발 앞코에 쏠린다. 발과 종아리, 허리 등 곳곳에 통증이 오고, 걷다가 발을 잘못 디뎌 넘어질 위험도 높다.

서울대학교 김승섭 교수 연구팀의 〈백화점·면세점 화장품 판매노동자 근무환경 및 건강실태 연구결과〉(2018) 보고서를 보면, 이것이 권희연씨만의 이야기가 아님을 알 수 있다. 연구팀이 하루 종일 하이힐을 신고 서서 일하는 노동자 2806명을 대상으로 설문조사를 실시한 결과, 무지외반증(엄지발가락이 둘째 발가락 쪽으로 휘는 증상) 발병률이 20~49세 여성 평균(건강보험공단 데이터 기준)보다 67배 높다는 사실이 드러났다. 발바닥 근육에 통증이 생기는 족저근막염

호텔 안내데스크에서 일했던 권희연씨(가명)가
신은 신발들. 그는 회사의 지침에 따라 굽이
5센티미터가 넘는 구두(맨 왼쪽)를 신다가
무지외반증이 심해져 슬리퍼를 따로 샀다. 이마저
데스크에서 나올 때면 하이힐로 갈아 신어야 했다.

발병률은 15.8배 높았다. 다리(하지정맥류 25.5배), 허리(요통 5.3배),
척추(척추측만증 55.5배) 질환 발병 가능성도 컸다.

　무지외반증을 앓아온 권희연씨는 안내데스크에 상반신만
보인 채 서 있을 때 잠깐은 굽 낮은 슬리퍼를 신을 수 있었다.
이조차 몇몇 여성 상사가 안내데스크에서 잠깐만이라도 굽
낮은 신발을 신을 수 있도록 해달라고 요구한 끝에 겨우 얻어낸
타협안이었다. 데스크 밖으로 나갈 일이 생기면 눈치가 보여
다시 하이힐로 갈아 신어야 했다.

회사는 왜 군이 하이힐을 신도록 강요했을까? 권희연씨는 "키가 크면 외관상 좋아 보이니까" 그렇게 하지 않았겠냐고 짐작할 뿐이다. "불이익을 받을까봐 신었죠. 대표가 하라는데 어떻게 안 하겠어요."

보이는 것이 인사 평가의 절대적 기준이 되면서 꾸밈은 자기표현이 아닌 '노동'이 됐다. 그가 다닌 호텔에는 '안내데스크 체크리스트'가 있었다. 복장과 서비스로 나눠 평가하는데, 유니폼 상태, 머리, 화장, 신발 상태 등이 평가 항목이었다. 여성은 '생기가 있어 보이고 자연스러운 기본 메이크업의 상태'를, 남성은 '면도 상태, 자연스러운 피부 표현'을 유지해야 했다. 신발은 '유니폼에 적합한 신발인지' 등을 따졌다. 심지어 상사가 체크리스트를 들고 수시로 내려와 직원들 상태를 확인하기까지 했다. 회사는 충원이 필요한 상위 직급의 공석을 채울 사람을 판가름하는 데 이를 활용했다. 권희연씨는 "왜 체크리스트대로 화장 안 하냐"는 이야기를 수차례 들었다.

그는 해당 호텔에서 일했을 때의 자신을 "배경에 들어 있는 사람"이라고 표현했다. "답이 정해진 느낌이었어요. 저희 직원들이야 편한 게 중심이었지만, 관리자 입장에선 보이는 게 우선이니까 좁힐 수 없는 격차가 있었어요." 대학에서 관광학과를 전공한 그는 현재 IT업계로 진로를 틀었다.

왜 여자만 입어야 하나요?

금융권 역시 오랫동안 직원들에게 유니폼을 입도록
강요해왔다. 최근 몇 년 사이 주요 시중은행들은 성별에
관계없이 근무 복장을 자율화했지만, 신용협동조합(신협)이나
농업협동조합(농협), 새마을금고 등 제2금융권은 여전히 여성
직원들에게 유니폼을 입도록 하는 경우가 많다.

영남 지역의 한 신협 지점에서 30년 가까이 근무해온
채수경씨(가명)는 "대면 업무를 주로 하는 하위 직급 여직원은
반드시 유니폼을 입는다"고 말했다. "여직원은 2년에 한
번 유니폼을 받았어요. 남직원은 셔츠와 정장을 각자 사서
입고 피복비로 30만 원을 받았죠. 오래전부터 내려오는
관행이라더군요."

그가 일하는 곳의 여성 직원들은 치마와 바지 중 한 벌을
선택해서 입을 수 있다. 하지만 유니폼 자체를 거부할 수는 없다.
그의 말대로, 대면 서비스를 하는 하위 직급 여성이면 반드시
유니폼을 입어야 했다. 남성 직원은 같은 대면 서비스를 하는
하위 직급이더라도 유니폼을 입지 않아도 되는 자유가 있었다.

채수경씨는 획일화된 근무복, 즉 유니폼을 입어야 하는
사람과 그렇지 않은 사람들 사이에는 보이지 않는 선 같은 게
생긴다고 했다. 그는 "유니폼을 입느냐, 안 입느냐에 따라 고객은
물론 동료들의 대우도 달라진다"고 말했다. "관리직으로 일할
때는 사복을 입었는데, 창구직으로 발령을 내면서 내일부터

유니폼을 입으라고 하더라고요. 근무복으로 사람의 계급을
나눈다는 느낌이 들었어요. 근무복을 입은 사람은 사소한
사람이고, 그래서 하대해도 된다는 식의 문화가 있고요."

그는 정규직과 계약직 등 고용 형태에 따른 차별도 수없이
목격해왔다고 했다. 계약직원에게는 정규직들이 예전에 입던
유니폼을 수선해 입도록 하거나, 아예 지급하지 않고 유니폼과
비슷하게 사복을 갖춰 입으라고 지시했다. 지급될 때는 입사
시기가 유니폼 수령 시기와 잘 맞아 운이 좋은 경우였다. "창구에
있는 직원들 중에 계약직원들이 많아요. 이들에게는 유니폼이나
사원증을 먼저 지급하지 않고 '하는 것을 봐서 주겠다'는 식이죠.
사람들이 유야무야하면서 많이 넘어갔어요."

채수경씨가 받은 옷은 질도 형편없었다. 겨드랑이처럼 몸이
접히는 부위에 금방 땀이 차고, 몇 번 세탁하면 금세 보풀이
일어나는 값싼 옷은 직업인으로서의 자존감마저 낮아지게
했다. 그는 "유니폼이 정말 소속감이나 통일성을 강조한다면
왜 여직원만 입어야 하는지 모르겠다"면서 "부당한 조직문화를
보여주는 사례"라고 했다.

이화여대 사회학과 이주희 교수는 작업복에 기업의 기대가
투영된다는 점을 지적하며 "집단의 정체성을 보여주기 위해
유니폼을 강요하는데, 그 옷을 입는 사람의 요구는 반영하지
않으니 문제가 되는 것"이라고 설명했다. 그는 "치마 유니폼은
입는 사람에게 불편한데도 오로지 잘 보이기 위해 입는 옷이다.
여기엔 여성의 일이 남성의 일을 보조하는 데 그친다는 잘못된

성별 고정관념이 반영돼 있다"면서 "건강한 조직이라면 당연히 직원이 업무에 적절한 복장을 선택할 수 있어야 한다"고 말했다.

크루부터 점장까지, 맥도날드 유니폼에 존재하는 계급

유니폼에는 성별에 따른 차별뿐 아니라 위계에 따른 차별도 존재한다. 해외에서 들어온 유명 프랜차이즈 브랜드라고 해서 예외는 아니다. 패스트푸드점인 맥도날드에서 일하는 사람들이 입는 옷은 작업 환경이나 노동 강도를 고려하기보다는 지휘 체계를 분명히 하고 계급을 구분하기 위해서만 존재하는 것처럼 보인다.

수도권의 맥도날드 매장에서 4개월간 크루(일반 직원)로 일한 적이 있는 김유경씨(가명)는 자신이 받았던 옷의 특징을 "(특징이) 없다"는 말로 요약했다. 반팔 티셔츠는 신축성은 물론 통기성도 없었다. 그리고 바지에는 주머니가 없었다. 휴대폰은 물론 어떤 물건도 근무 중 소지하지 말라는 게 회사의 방침이었다. 그는 "머리 고무줄이나 안경, 안약 등이 필요한 상황에서 넣어둘 주머니가 없어 너무 불편했다"고 토로했다.

바지 뒤쪽에 주머니가 있긴 했지만 실제로는 사용할 수 없게 윗부분이 박음질되어 있었다. 주머니 모양을 냈을 뿐 주머니 기능이 전혀 없었던 것이다. 맥도날드는 직원 유니폼에 주머니가 없는 이유를 묻는 질의에 "식품 안전은 맥도날드의 가장 중요한 가치 중 하나"라면서 "이물질 혼입 등의 위생 문제를 방지하고, 조리 기구 등에 옷이 걸려 발생하는 안전사고를 막고자 유니폼에 따로 주머니를 두지 않고 있다"고 답했다. 그러나 이 옷은 작업하는 사람에게는 전혀 도움이 되지 않는다.

맥도날드 직원은 말단인 크루에서부터 중간 관리자인 팀리더, 매니저, 점장 등으로 서열이 구분된다. 그러나 크루와 팀리더는 정작 하는 일이 크게 다르지 않다. 카운터와 주방, 그릴을 오가면서 주문과 요리와 설거지 등 그때그때 필요한 일을 한다. 이들은 모두 칼라가 있는 셔츠를 입지만, 직급에 따라 디자인상의 차이가 있다. 팀리더가 입는 셔츠는 크루와 달리 단추가 달려 있어서 좀 더 정중한 느낌을 준다. 팀리더인 이영민씨(가명)는 "손님이 컴플레인을 제기할 때, 팀리더는 옷이 다르니까 '직급이 있구나'라고 생각하는 것 같다"면서 "크루한덴 막말을 해도, 팀리더에겐 그러지 않는 경향이 있다"고 했다.

그렇다고 팀리더가 입는 옷이 특별히 더 좋은 것은 아니다. 셔츠는 무조건 맨 윗단추까지 채우고 바지 안에 넣어서 입어야 하는데, 바지에 신축성이 없어 앉았다 일어나면 셔츠가 삐져나온다. 마찬가지로 팀리더로 일한 경험이 있는 홍규진씨(가명)는 옷에 주머니가 없는 것이 제일 불편했다고 말했다. "셔츠 왼쪽 가슴에 작은 주머니가 딱 하나 있었는데, 메모지나 펜을 넣어두면 몸을 숙일 때마다 주르르 다 쏟아졌어요. 차라리 바지에 주머니가 있어야죠."

맥도날드는 주기적으로 유니폼을 교체한다. 하지만 교체 이유가 직원들 편의를 높이려는 데 있는 것은 아닌 듯하다. 직원들은 "요구사항을 전달할 창구도 없고 말을 해도 반영되지 않는다"고 입을 모은다. 디자인과 색깔 위주로 바뀔 뿐, 입는 사람에게 중요한 재질이나 기능은 매번 별 차이가 없다는 것이다.

김유경씨는 "예전에 받았던 반팔 칼라 티셔츠는 소매가 너무 짧아 패티를 구울 때 기름이 팔에 다 튀었다"면서 "일의 특성은 고려하지 않고 일반적으로 입는 '여름용 티셔츠'만 생각하고 만든 옷 같았다"고 말했다.

이들의 옷이 일하는 환경의 특성을 제대로 반영하지 못하는 것은 노동자의 불안정한 지위와도 관련되어 있다. 맥도날드 같은 프랜차이즈 업종에는 대학생이나 취업준비생, 경력단절 여성 등 단시간 노동자가 많다. 통계청 국가통계포털에 따르면, 2022년 주당 근로시간이 15시간 미만인 초단시간 아르바이트 취업자는 157만 7000명으로 역대 최다였다. 2021년보다 6만 5000명이나 늘었고, 전체 취업자(2808만 9000명) 중에서 이들이 차지하는 비율이 5.6퍼센트나 된다. 주 15시간 미만 취업자는 주휴수당, 퇴직금, 유급 연차휴가 등을 받을 수 없고 건강보험 직장 가입자 대상도 아니다. 일부 고용주들은 이를 악용해 여러 명의 노동자를 '쪼개기'로 고용하기도 한다.

이런 초단시간 노동자가 많은 작업장에서 사업주의 관심은 작업복의 질까지 미치지 않는다. '일을 금방 관둘 수 있는

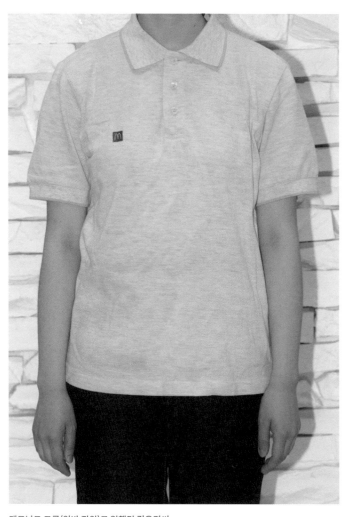

맥도날드 크루(일반 직원)로 일했던 김유경씨
(가명)는 반팔 칼라 티셔츠의 기능 문제를
지적했다. 소매가 짧아 패티를 구울 때 기름이
팔에 튄다는 것이다. 이처럼 맥도날드 유니폼은
노동 환경과 특성을 고려하지 않는다.

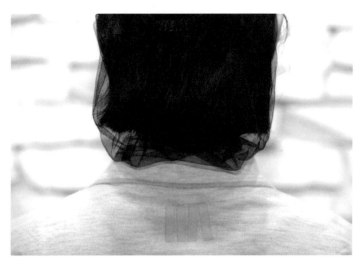

맥도날드에서 일하는 한 직원이 머리카락이
삐져나오지 않게 머리망을 착용하고 있다.
패스트푸드점에서 가장 중요한 건 음식 위생과
식품 안전이다. 이 중요한 '원칙'은 음식을
만들고 매장을 관리해야 하는 직원들에겐 큰
'불편함'이 된다.

사람'이라는 말은 곧 '좋은 옷을 줄 필요가 없는 사람'이라는
뜻이기도 하기 때문이다. 사회적 계급이 낮은 노동자는 자신이
일할 때 입는 옷을 선택할 수 없고, 회사에 유니폼 변경을 요구할
수도 없다.

　　맥도날드에서 2016년부터 2023년까지 근무했던
권주원씨(가명)는 거의 매년 유니폼을 받았다. 하지만 그와
동료들이 원하는 기능을 갖춘 옷은 한 번도 받지 못했다. "최근에
유니폼이 상아색, 남색으로 바뀌었어요. 그런데 상아색 옷은

기름때나 먼지가 묻으면 바로 티가 나거든요. 옷을 받을 때마다 '이번에는 왜 이 재질이냐, 디자인은 또 왜 이 모양이냐'라고 하면서 욕했죠. 회사가 별것 아닌 걸로 사람 서운하게 만들어요."

"유니폼 때문에
사소한 행동
하나하나도
제약받아요"

2019년 대덕대 모델학과에서 진행하던 '모델 워킹 수업'에 대해 기사를 쓴 적 있다. 교정 벚나무 아래서 야외 수업의 일환으로 진행하는 '벚꽃 워킹'은 10년 넘게 이어지고 있는 전통이었는데, 학교에서 공개한 홍보 자료 사진이 문제였다. 사진에는 몸매가 고스란히 드러나는 초미니 원피스를 입은 여학생 수십 명이 각선미를 강조하는 포즈를 취하고 있었다. 티셔츠에 긴바지를 입는 남학생과 달리 여학생만 몸에 딱 달라붙는 짧은 원피스를 입는다고 했다.

대학에서 여성의 성적 매력을 부각해 성 상품화를 조장한다는 비판을 담아 기사를 썼는데, 거기에 이런 내용의 댓글이 달렸다. "미니스커트는 과거에 국가에서 금지하던 걸 여성운동을 통해 자유롭게 입게 된 것이다. 그런데 지금은 성 상품화라고? 보는 사람 시선이 문제라고? 모델이나 치어리더 등은 보는 사람이 있어야 되는 직종이야."

특정 성별이나 특정 직업군이 입는 옷과 관련해, 이들을 상징하는 옷이 문제가 아니면 이들을 바라보는 시선이 문제인가. 정말로 '보는 사람이 있어야 되는 직종'이면 보는 사람을 위한 옷만 만들어 입히면 되는 걸까. 몸에 딱 달라붙어 입는 사람이 불편하고 껄끄럽더라도 '주체적으로 입은' 옷이면 괜찮을까. 그 옷을 입은 당사자에게는 과연 이를 거부할 권리가 있었을까. 당시 그 문제의 댓글에 무려 2000개가 넘는 '공감' 표시가 달리는 걸 보면서 이런 답답함을 느꼈다.

애초 작업복 기획 시리즈에 승무원의 유니폼에 관한 글을 포함시키지 않았던 데는 이런 배경도 있다. 유니폼을 입는 다양한 직업 중에서도 항공사 승무원, 특히 여성 승무원은 모델이나 간호사처럼 대표성이 크다. 우선 머릿속에 딱 떠오르는 이미지가 있다. 하얗고 깔끔하게 화장한 얼굴, 헤어

스프레이를 잔뜩 뿌려 머리카락 한 올 흘러내리는 것도 허용하지 않을 듯 딱 붙인 헤어스타일. 그리고 몸에 꽉 끼어 기본적인 동작을 하는 것조차 어려워 보이는 유니폼. 고객에게 언제나 최고의 서비스를 제공한다는 항공사의 이미지는 타인에게 보여주기 위한 유니폼의 모양새에서 극대화된다.

이는 너무 오랫동안 이야기된 문제여서 오히려 제대로 다루기 어려웠다. 미니스커트를 입은 모델학과 학생들과 타이트한 옷을 입은 승무원에 대해 '보는 사람이 있어야 되는 직종'이라고 말하는 사람에게 우리가 얼마나 더 나아간 이야기를 할 수 있을까.

하지만 아무리 여러 차례 반복된 주장과 논리일지라도, 결국 누군가는 '일할 때 입는 옷이 이래선 안 된다'는 이야기를 해야 한다는 생각이 들었다. 그건 2023년 벌어진 여객기 비상 출입구 강제 개방 사건 때문이었다. 특정 직업군에 대한 잘못된 편견이 옷에 의해 고착될 때, 입는 옷을 업무와 상관없는 것으로 취급할 때, 그러니까 일하는 사람 대신 보는 사람의 시각만 중시할 때 어떤 일이 벌어질까. 5년 전 그 댓글을 보며 느꼈던 답답함에 대한 답을 내려준 게 이 사건이었다.

이쯤 되니 이들의 유니폼을 더 이상 일터에서 입는 옷으로 보기 어렵다는 생각이 들었다. 승무원이든 모델이든, 간호사든 경찰이든, 어떤 사람이라도 자신의 일과 직접적인 관련이 없는 옷을 입어야 한다면 그것은 작업자에게 좋은 작업복이 아니다.

안전보다 중요한 타인의 시선

2023년 5월 26일, 제주공항에서 출발한 아시아나항공 비행기가 대구공항에 착륙하기 직전 30대 남성이 항공기 비상 출입구를 강제로 개방하는 사건이 벌어졌다. 수많은 승객이 다치거나 목숨을 잃는 대형 사고로 이어질 수 있었기에 국내 언론은 물론 외신에서도 주의 깊게 보도한 사건이었다.

사건 이후 온라인에서는 뒤늦게 사진 한 장이 화제가 됐다. 치마 유니폼을 입은 아시아나 승무원이 개방된 출입문을 온몸으로 막고 서 있는 모습이었다. 이 사진이 소셜미디어에 퍼진 뒤 승무원의 복장이 업무에 적절한지를 놓고 다시 논란이 일었다.

여객기 출입문 강제 개방 사건에서 알 수 있듯, 승무원의 역할은 비상 상황시 승객 안내와 인솔, 긴급 구조 등으로 다양하다. 그런데도 대다수의 국내 항공사들은 외적으로 보이는 모습만을 극단적으로 중시하는 경향이 있다. 승무원의 유니폼은 오로지 그 부분에 초점을 맞춰 디자인된다.

특히 타이트한 치마 유니폼이 업무에 도움이 되지 않고 오히려 방해가 된다는 지적은 오래전부터 제기돼왔다. 국가인권위원회가 아시아나항공 측에 여성 승무원의 유니폼으로 치마 외에 바지를 선택할 수 있도록 하라고 권고한 것이 2013년 2월이다. 당시 아시아나항공은 "고급스런 한국의 아름다움이라는 이미지를 강조하기 위해 치마를 채택했다.

용모나 복장에 대한 규정을 외모에 대한 제한으로만 볼 게 아니라 회사의 경쟁력 확보를 위한 필수적인 수단으로 봐야 한다"고 주장했다.

이에 대해 인권위는 "복장이 브랜드 정체성을 상징적으로 나타낸다는 것은 인정한다"면서도 "여성 승무원이 바지를 착용하거나 머리 모양의 제한을 완화한다고 해서 직무를 수행하는 데 지장이 있다고 보기 어렵다"고 지적했다. 그러면서 "여성 승무원이 바지를 착용하지 못하도록 하고 용모에 대한 세세한 부분까지 규정해 획일적인 모습을 요구하는 건 서비스 제공자로서의 여성을 전제한다. 이는 성차별적 의미를 내포하고 있다"며 "직업에 대한 역할보다는 여성성만 강조하는 편견을 고착시킬 우려가 있다"고 지적했다.

그럼에도 일하는 사람보다 타인의 시선을 더 중시하는 관행은 오랫동안 바뀌지 않았다. 당시 여성 승무원의 바지 유니폼 도입을 이끌어내는 데 앞장선 건 2010~2013년 아시아나항공 노조위원장을 지낸 권수정 전 서울시의원이다. 그는 "바지 유니폼 하나 만드는 데 2년이나 걸렸지만 입사할 때 회사에서 주지 않는다"며 "나중에 신청을 받아 지급하는데, 바지를 신청하면 사무실로 불려간다. 그러니 입는 사람이 거의 없다"고 말했다.

2018년 10월 고용노동부 국정감사에서는 국회 환경노동위원회 소속 바른미래당 이상돈 의원이 이와 같은 문제를 지적했다. 그는 "구글 같은 검색 엔진에서 '대한항공 승무원'이라고 치면 연관 검색어로 엉뚱하게 '뒤태'가 나온다"며 "승무원들의 복장이 불편하다는 여론이 오래전부터 있었는데 도대체 사측에서는 알고 있는지 모르겠다"고 말했다.

당시 참고인으로 증언대에 선 대한항공 승무원 유은정씨는 "현재의 옷은 안전 업무를 담당하는 유니폼으로 전혀 맞지 않다. 몸매 실루엣이 드러나는 디자인은 성 상품화된 이미지로 보인다"고 했다. 그는 사측에서 지급하는 바지 유니폼에 대해서도 문제를 제기했다. "대한항공의 경우 바지 착용에 대한 규제는 없지만 바지마저도 너무 밝고 타이트하다. 팬티 라인까지 다 보이는 재질로 되어 있다. 생리대를 착용하면 라인까지 보이고 생리혈까지 비칠 때도 있어 민망한 경우가 많다. 또 치마를 입을 때보다 블라우스가 밖으로 나오는 경우가 더 많아서 승무원들이 바지를 선호하지 않는다."

유은정씨의 이야기는 승무원들의 불편한 복장이 업무에 얼마나 큰 지장을 초래하는지 생생히 보여준다. 유니폼이 몸에 달라붙는 스타일이다 보니 위장이나 소화계통 질환, 부인과 질환을 겪는 일도 흔하다. 구두에 대한 불만도 컸다. 신고 일하는 구두의 재질이 너무 딱딱하고 불편해서 장시간 신고 근무하면 족저근막염 등의 질환이 생기지만, 회사가 개선해주지 않았다는 것이다.

드물고 더디기만 한 변화

이렇게 수많은 이들의 투쟁과 노력 끝에 현장에서도 조금씩 변화가 일어났다. 이후 보디라인을 강조하는 유니폼 대신 활동성이 뛰어난 유니폼이 등장했고, 여성 승무원들에게 치마만 입도록 강요하는 규정도 일부 사라졌다. 그 가운데 국내 저비용 항공사 에어로케이는 2020년 성별의 경계를 없앤 '젠더리스' 유니폼을 선보여 화제가 됐다.

남성 유니폼과 여성 유니폼에 디자인 차이가 전혀 없고, 몸의 실루엣을 드러내지 않는다. 실제로 유니폼을 입고 일하는 사람의 편의를 고려한 점도 돋보인다. 동복과 하복 두 가지로 나오는데, 동복은 재킷과 긴소매 셔츠이고, 하복은 조끼 형태의 베스트와 반소매 셔츠다. 재킷은 이동 중에만 입고 기내에서는 셔츠만 입는다. 다른 항공사와 달리 헤어스타일 규정도 까다롭지 않고, 메이크업 규정도 남녀 구분 없이 '본인의 피부톤과 유니폼에 어울리게 연출한다' 등으로 간단하다.

당시 패션 매거진 《보그코리아》를 통해 유니폼을 화보처럼 공개한 에어로케이는 이런 시도에 대해 '시대의 흐름과 변화에 따라 우리도 바뀐 것'이라고 설명했다. "'사람 중심'이라는 의식을 기업 문화 전반에 반영해야 한다고 생각했다. 유니폼은 그 상징성을 잘 보여주는 대표적인 것이다. 실용성 측면에서 승무원들의 여러 피드백을 받아 요구를 반영하고, 원단 소재나 주머니 위치와 형태, 크기와 길이까지 결정했다."

2020년 성별의 경계를 없앤 '젠더리스'
유니폼을 선보여 화제를 일으킨 국내
저비용 항공사 에어로케이의 유니폼 화보.
에어로케이는 승무원들의 직접적인 피드백을
받아 원단과 디자인을 결정했다고 밝혔다.

이처럼 유니폼이 시대의 흐름에 맞게 진화하는 것은
반가운 일이지만, 그 시도가 일부 회사에 그친다는 점은 여전히
아쉬움으로 남아 있다. 아직도 많은 승무원들은 몸에 딱 붙는
유니폼을 입고, 머리를 틀어올리고, 승객에게 보이는 것을
최우선으로 여기도록 교육받는다.

외국 항공사와 국내 항공사에서 승무원으로 일하다가
그만두고 현재 면접 강사로 일하는 주지환씨는 "회사마다
다르지만, 아무래도 국내 항공사에서는 승무원에게 안전보다
서비스를 더 기대하는 것 같다"고 말했다. 남성인 그가 보기에도
승무원의 유니폼에 문제가 많다는 것이다.

"처음에 입사해서 받는 교육 기간부터 차이가 나요.
외국 항공사에서 안전교육 비중이 80, 서비스에 대한 부분이
20이었다면 국내 항공사는 50 대 50이었거든요. 실제 일할 때
승객이 눈앞에서 쓰러지는 일이 비일비재하고, 더 큰 사고의
위험도 항상 있다고 느끼는데 정작 입어야 하는 옷은 불편하죠.
하루 종일 몸에 딱 붙는 정장을 입고, 굽이 있는 구두를 신고
몇 시간 동안 좁은 기내를 오가야 한다고 생각해보세요. 언제
바지가 터져도 이상하지 않을 정도였어요."

만연한 성차별과 외모 압박

항공기 승무원에게 중요한 것 중 하나는 '암 리치arm reach'다.

팔을 쭉 뻗고 섰을 때, 지면부터 쭉 편 손가락 끝까지의 길이가 208~220센티미터가량 되어야 한다. 승객의 짐이 오버헤드빈overhead bin(기내 수화물함)에 잘 수납됐는지 확인하는 작업이 필수이기 때문이다. 그런데 길이가 짧거나 달라붙는 유니폼을 입으면 팔을 들어올릴 때마다 상의가 들려 하의에서 삐져나온다.

주지환씨는 외국어로 말하는 것에 흥미를 느껴 승무원이 됐다. 이국적인 공간에서 외국어로 사람들과 대화하는 것을 여전히 좋아하지만, 단순히 옷 자체만으로 회사와 업무 전체를 대표하는 '얼굴'이 되는 게 불편하게 느껴져 결국 일을 그만두게 됐다. 그는 "회사 방침에 따라 출근할 때부터 유니폼을 입는다. 공공장소에선 아무래도 제복을 입은 사람에게 눈이 쏠리기 때문에 행동 하나하나 조심스러워진다"며 "모든 행동에 제약이 생긴다"고 말했다.

"가끔 '지하철에서 어느 항공사 승무원을 봤는데, 웃지 않고 있었다'는 식의 민원이 회사로 들어와요. 유니폼을 입고 있는데 우울해 보이고, 행복해 보이지 않는다는 거죠. 내가 옷을 입고 활동하는 것 자체도 불편하지만, 남들에게 보이는 시선도 항상 신경 써야 한다는 게 쉽게 적응되지 않더라고요."

갑질이나 성희롱 등 서비스업계에 종사하는 노동자들이 겪는 고충에 대해 사회적 관심이 높아지면서 이들을 상품화하거나 성적 대상화하는 것을 강력히 비판하는 흐름 역시 생겨났다. 하지만 여전히 많은 사람들에게 승무원은 본연의 업무보다 외모라는 부차적인 요소로 더 많이 판단된다. 대중의 이런 잘못된 인식에 영향을 미치는 요인 중 하나가 유니폼이다. 승무원 유니폼은 승무원을 '직원'이 아닌 '여직원'으로 보이게 한다.

주지환씨는 "비상 상황에서 수많은 승객을 인솔하고, 지시를 따르게 하려면 승객들에게 신뢰를 줘야 한다. 그런 측면에서 복장이 주는 힘을 무시할 수 없다"면서도 "그럼에도 너무 외적인 부분만 강조되는 건 아닌가 생각한다"고 말했다.

"유니폼은 큰 딜레마가 있다고 생각해요. 옷 자체에서 오는 상징성이 분명히 있고, 프로페셔널한 이미지를 보여줘야 하니까요. 하지만 사람들을 구조할 때 높은 구두 굽과 치마와 타이트한 재킷이 얼마나 도움이 될까를 생각하면 문제가 있는 거죠."

남성 승무원에 비해 여성 승무원이 받는 외모에 대한 압박은 더욱 크다. 외모나 복장 규정 역시 과거에 비해 많이 완화됐지만, 스스로 관리하는 게 여전히 '디폴트값'으로 여겨진다.

2022년 제주항공은 시대착오적인 용모 규정을 내놓아 비난받았다. 내부적으로 공개된 규정에 따르면, 헤어스타일은 물론 염색이 허용되는 색깔, 앞머리의 길이, 손톱 길이까지 세세하게 규제한다. '염색 후 3센티미터 이상 자라난 머리는 뿌리염색을 해야 한다', '옆머리를 고정할 때 머리핀은 최대 2개까지 허용한다', '포니테일(묶은 머리)은 15센티미터 이상 40센티미터 이하까지 허용한다', '아무것도 바르지 않은 손톱은 끝에 자라난 부분이 1밀리미터를 넘지 않도록 한다' 등이 그 구체적인 내용이다. 여성 노동자를 머리부터 발끝까지 통제하려 하는 의도가 엿보인다.

이는 여객기가 아닌 열차 승무원에게도 해당하는 이야기다. SRT 열차 승무원으로 일하는 최인아씨는 "예전에는 여성이면 무조건 머리 망을 착용해야 했는데 이제는 포니테일도 되고, 앞머리도 내릴 수 있다"면서도 "여전히 직원들 사이에 '어피어런스appearance'(외모 규정)를 엄격하게 지켜야 한다고 여기는 분위기가 있다"고 말했다.

"머리를 단정하게 하기 위해 고무줄로 꽉 묶고, 머리핀을 꽂는 게 기본이에요. 거기다 헤어 스프레이로 잔머리까지 남김없이 정리하죠. 그래서 승무원들의 고질적인 고민이 두피 염증이나 탈모예요. 하나같이 영양분이 부족해 머리카락이 중간에 끊긴다거나, 머리가 많이 빠지는 일을 겪어요."

입는 사람과 노동 환경을 고려하려면

이렇게 부적절한 유니폼과 복장 규정은 승무원을 직원이 아닌 '여직원'으로 보이게 한다는 점에서 문제가 된다. 고객이 승무원을 부를 때 허리나 엉덩이 부분을 툭툭 치면서 성희롱하는 일도 일상적이다. 최인아씨는 "열차 내에서 승무원을 상대로 집착하면서 신체를 접촉하고, 스토킹 행위를 하는 경우도 많다"며 "응대해주지 않으면 따라다니며 위협하거나 보복하는 일까지 벌어지고 있다. 현장에선 공포와 두려움을 느낄 수밖에 없다"고 말했다.

이뿐만 아니라 유니폼이 너무 적게 지급되는 문제도 있다. 이들이 일할 때 입는 옷은 신축성이 전혀 없는 폴리에스터 재질의 얇은 블라우스와 바지 한 벌이다. 여름에 반팔 셔츠가 지급되긴 하지만, 그 외의 계절에는 유니폼 한 벌을 돌려 입어야 한다. 그는 "유니폼이 3년에 한 번 지급되기 때문에 매일 같은 걸 입다 보면 보풀이 엄청 생기고, 지퍼 부분은 다 해진다"며 "한번은 운행 중에 바지가 찢어져서 중간에 꿰맨 적도 있다"고 설명했다.

"추가로 유니폼을 원하면 개인이 사야 하는데 15만 원인가 하더라고요. 그래서 동료들 중엔 시중에서 디자인이 비슷한 사제 바지를 따로 사서 입는 사람들도 있어요."

노동 환경을 고려하지 않은 옷은 건강에도 영향을 미친다. 최인아씨는 신축성 없는 유니폼 때문에 직원들이 근골격계 질환까지 얻을 정도라고 말했다. "특실 승객에게 500밀리리터 물병을 직접 나눠주는 일을 해야 해요. 적으면 50~60개, 많으면 하루에 100개 정도의 물을 날라야 하죠. 흔들리는 좁은 공간에서 무거운 물건을 들고, 몸에 꽉 끼는 옷과 구두를 착용하고 반복적인 동작을 하는 과정에서 관절이나 근육을 다치는 경우가 많아요. 회전근개파열(어깨 통증), 삼각섬유연골복합체 손상(손목 통증), 허리디스크 등이 대표적이죠."

매일 수 시간씩, 일할 때 반드시 입어야 하는 옷일수록 입는 사람의 요구를 적극적으로 반영하는 일이 필요하다. 하지만 회사에서는 입는 사람의 편의를 고려하기보다 오로지 고객의 시각에서 유니폼을 바라볼 때가 많다. 최인아씨는 "봄, 가을과 한겨울에 입는 유니폼이 같다. 이 때문에 겨울철 보온성이 떨어지는 게 특히 문제"라고 했다.

"객실 내에서 일할 때는 코트 같은 겉옷은 무조건 벗어야 하거든요. 그런데 차량과 차량 사이 통로에는 히터가 안 나와요. 게다가 중간중간 정차역에 내려서 환영 인사를 해야 하는데, 얇은 옷 하나만 입고 바깥의 온도를 그대로 받는 셈이죠."

2023년 직원들은 작업의 편의를 위해 구두가 아닌 운동화를 신자는 제안도 내놨지만, 사측에서 "저마다 다른 색과 종류의 운동화를 신으면 단정하지 못하다는 민원이 들어올 수 있다"며 받아들이지 않았다. 겨울철 유니폼 위에 입을 수 있게 패딩 점퍼를 지급하라고 사측에 요구하기도 했지만, 논의 과정에서 '회사 이미지와는 맞지 않다'며 미뤄졌다.

철도노조 전 수서지부장이었던 최인아씨는 노조 활동 당시 피복협의회 등에 참여해 직접 유니폼 디자인과 재질 변경에 대해 의견을 냈다. 신축성을 고려한 스판 재질로 만드는 것부터 벨트를 없애는 것, 상의를 바지 안에 넣지 않게 하는 것, 바지의 핀턱을 없애는 것, 셔츠 칼라 부분을 진한 색으로 바꾸는 것 등의 의견이 노조를 통해 전달됐다.

하지만 회사에선 직원들의 이런 요구사항을 전혀 들어주지

않았다. "예산 편성의 문제도 물론 있겠지만, 그보다는 직원의
보이는 이미지나 승객들의 시각에 맞춰 생각하다 보니 그런 것
같아요. 매년 유니폼과 관련해 선호도 조사와 투표를 하는데,
결국에는 윗선에서 마음에 들어하는 유니폼이 선정돼요.
디자인이나 재질 측면에서 실용성은 전혀 없는 옷이죠. 직원의
요구사항은 일절 반영되지 않고, 조직 자체가 승무원의 관리감독
문제에 있어서 굉장히 경직되어 있어요."

3부.
물불 가리지 않는 옷

"밑창 다 빠지는
값싼 신발 신고
불 끄러 갔죠"

2019년 강원 고성·속초 산불 현장을 취재하러 갔다. 일상을 이루는 모든 것이 새카맣게 타버린 가운데 덩그러니 남은 주민들의 얼굴에는 그림자가 드리웠다. 기후변화의 영향으로 산불은 점점 더 자주 발생하고 있으며, 그 피해 또한 크다.

불이 난 현장을 목격한 경험이 있다면 그 위압감을 모르지 않을 것이다. 인간의 의지로 쉽게 꺾을 수 없는 불길의 위력은 엄청나다. 이때 불어나는 산불 피해를 막으려 화마에 뛰어드는 사람들이 있다. 사람들은 소방대원을 가장 먼저 떠올릴 테지만, 그 현장을 지키는 것은 산림청 소속 공무직(무기계약직)·계약직인 산불재난특수진화대원(이하 산불진화대원)들이다. 산불 현장에 진입해 불을 끄는 이들은 불안정한 고용 형태로 일하며 적절한 안전장비를 지급받지 못하고 있었다.

안전을 책임지는 일을 하는 사람의 작업복으로 처음에는 소방대원을 염두에 뒀다. 과거 방화복과 안전장비가 인원에 맞게 공급되지 않고, 성능이 떨어지는 문제가 논란이 된 적이 있다. 사전 취재차 인터뷰한 소방대원들은 주요한 개선 과제로 상부의 인식과 현장의 간극을 이야기했다. 대원들은 현장에서 활동할 때 가급적 기동복을 입도록 요구받는데, 이는 일하는 데 불편한 옷이라는 불만이었다. 품질에 대한 우려도 있었다. 현장에서 대원들이 잘 식별되도록 방화복에 부착한 야광 반사판이 세탁할 때마다 훼손돼 걱정된다는 의견이 나왔다. 2020년 4월 국가직으로 전환된 이후에도 예산권이 각 지자체에 있어 지역별로 가용 자원에 차이가 있는 점도 문제로 꼽았다.

다만 대다수의 소방서는 조달청 공개 입찰을 통해 방화복과 안전장구를 구매한다. 품질을 관리하는 시스템이 작동한다는 뜻이다.

작업복의 품질이 관리되지 않는 환경에서 위험을 떠안고 일하는 노동자들이 더 있을 거라고 생각했다. 팀원들과 회의하던 중 산불 현장을 취재한 적 있다는 사진기자가 산불진화대원을 언급했다. 산에 들어가 불을 끄는 건 이 사람들인데, 별다른 관심을 받지 못했을뿐더러 노동 환경이 무척 열악하다고 했다.

　노조와 대원들의 도움을 받아 전국 각지에 흩어져 있는 산불진화대원들을 인터뷰했다. 10명이 넘는 이들의 이야기를 들었다. 조금씩 다른 듯한 이들의 이야기는 결국 하나로 귀결됐다. 관리자들이 일하는 사람의 이야기를 듣지 않는다는 것이다. 현장을 가장 잘 아는 건 일하는 사람들인데, 정작 자신들은 필요한 옷과 안전장비를 받지 못한다고 했다. 왜 그런 걸까. 이들은 대체 어떤 옷을 입고 산불 현장에 뛰어드는 걸까. 질문을 안고 강원도로 향했다.

산속에서 밤새 불 끄는 건 우리인데⋯⋯

2023년 5월 17일, 산불재난특수진화대원 안창영씨는 불이 난 강릉시 강동면 심곡리의 한 야산에서 계곡 하나를 사이에 두고 50미터가량 떨어진 맞은편에 서 있었다. 현장은 군부대 사격장 인근. 터지지 않은 탄알들이 깔려 있어 진입하기 어려웠다. 먼저 출동한 동료들이 불 앞에서 진화를 이어갔다. 그는 불이 민가 쪽으로 넘어오지 못하게 방어하며 상황을 주시하고 있었다.

　상공에 모습을 드러낸 진화 헬기가 토해내듯 쏟아내는

물의 색깔이 흙빛이었다. "보이지 않겠지만 지상에는 대원들이 있거든요. 헬기가 쏟아붓는 물을 그대로 맞으면서 작업하다 보니 속옷까지 다 젖어요. 진화복을 벗어서 짜면 물이 쭈욱 흐릅니다."

산불을 끄는 데 사용되는 방화수는 흙탕물도 가리지 않는다. 방화수는 인근의 저수지, 개천 등에서 퍼 오는데, 수원水源의 수심이 얕을 경우 자갈이나 흙이 섞인다. 방화수에 산불 확산 차단제(리타던트retardant)를 넣기도 한다. 이 물이 직격하는 것은 활활 타오르는 불뿐만이 아니다. 불 앞에서 진화 작업을 벌이는 대원들의 머리 위로도 떨어져 이내 온몸을 흠뻑 적신다. 대원들은 리타던트가 섞인 물을 맞으면 샴푸마냥 거품이 나 찝찝한 느낌을 지울 수 없다고 했다.

산불이 나면 소방대와 산림청 산불재난특수진화대, 전문예방진화대, 산림항공본부 공중진화대원 등이 출동한다. 소방대원들은 산에서 난 불이 민가로 번지지 않도록 '불의 경계'를 지킨다. 이 경계를 넘어 안으로 들어가는 이들은 산불재난특수진화대원이다. 산불진화대원들은 산속 구석구석을 누비며 화선火線 가까이서 불을 끈다. 주불이 어느 정도 잡히면 불갈퀴로 낙엽, 솔방울, 나뭇가지 등 불을 키우는 '연료'를 치우며 방화선을 만든다. 산불의 처음부터 끝까지 책임지는 셈이다.

그러나 산에서 불을 끄는 이들의 존재는 오래도록 사람들의 관심에서 비껴나 있었다. "산속에서 밤새 불을 끄는 건 거의 우리 비정규직 산림청 산불진화대원인데 언론에 나오는 건 대부분 정규직 소방관이더군요." 안창영씨는 2019년 4월 고성과 속초의 산불을 진화한 뒤 자신의 SNS에 진화대원들의 열악한 처우를 알리는 글을 썼다. 불티에 검게 그을린 마스크를 찍은 사진도 올렸다. 그러자 언론이 조명했고, 국회와 정부도 그제야 관심을 갖기 시작했다.

산불과 함께 진화進化하는 산불진화대

산불재난특수진화대는 산림청 소속으로 2016년 재정 지원 일자리 사업으로 시범 운영을 거쳐 2018년 정식으로 발족했다. 2024년 1월을 기준으로 정원은 계약직 49명, 공무직 386명이다. 산불 진화 인력은 2022년 7월 고용노동부가 정하는 필수 업무 종사자로 분류됐다.

진화대원들은 '산불 조심 기간'인 봄철(2/1~5/15)과 가을·겨울철(11/1~12/15)에 산불 진화에 총력을 기울인다. 정기적으로 산을 오르내리며 진화 훈련을 하고, 출동에 대비할 때는 사무실에서 장비를 점검하며 체력 단련을 한다. 평상시에는 산간 지역이나 논밭 현장을 찾아 시민들이 농업 부산물을 태우지 않도록 계도하고 분쇄 작업을 시연한다. 산불 조심 기간이 지나면 산사태, 병해충 등 산림재난 피해를 복구하는 작업에 투입된다.

대원들은 5개 종목에 이르는 체력 검정을 거쳐 선발된다. 윗몸일으키기, 팔굽혀펴기, 모래주머니 나르기, 소방 호스

2023년 4월 11일 강릉시 난곡동의 한
야산에서 대형 산불이 발생했다. 그로부터
한 달여가 흐른 5월 9일, 강원 지역
산불진화대원들이 피해 현장을 다시 찾았다.
대원들은 산불 신고가 들어오면 진화복과 전술
조끼, 헬멧, 보안경, 마스크, 장갑 등 안전장구와
불갈퀴 등 진화 장비를 챙겨 산을 오른다.

산불진화대원들의
이야기 직접 듣기

신현훈씨가 화재 피해 현장인 난곡동의 한
야산을 돌아보고 있다. 검게 그을린 나무는
산불의 흔적이다. 산불이 나면 대원들은 산을
올라 불을 향해 물을 뿌리는 작업을 하고,
불갈퀴로 방화선을 만들어 확산을 막는다.

당기기, 1200미터 장거리 달리기 등으로 구성된다. "체력 좋은 사람을 수소문해서 뽑거든요. 저도 그 소문을 들었어요. 산에 올라가서 직접 불을 끈다고 해서 꽤 매력적인 직업이라고 생각했고, 체력적으로도 감당할 수 있어서 시작하게 됐습니다." 8년 차 산불진화대원 신현훈씨는 6년간 화물차 운전 일을 하다가 2017년 지인의 소개로 산불 진화 일을 접하게 됐다.

그가 일을 시작했던 때는 진화대가 발을 뗀 지 얼마 되지 않은 시기였다. 안전장구는 물론 안전교육과 진화교육도 부실했다. 첫 현장은 경상북도 영덕의 한 야산이었다. "정말 정신없더라고요. 사방에서 불은 번지지, 불길이 너무 세니까 '우리가 이걸 어떻게 잡을 수 있지?' 하는 생각도 들었어요. 처음 운전하러 나가면 주변에 있는 차들이 굉장히 빠르고 내 차도 빠르잖아요. 그런 느낌이었어요. 경사도가 급한 데서 불 끈다고 이리 뛰고 저리 뛰고 하룻밤 새 불을 껐는데, 언제 지나가는지 모르게 껐어요. 생각해보면 끔찍하고 위험한 순간이 많았죠."

일부가 2020년 공무직으로 전환되기 전까지 모든 산불진화대원이 1년 단위 계약직이었다. 매년 재계약을 앞두고 체력 검정을 봤다. 기준에 미달하면 다시 시험을 보는데 계약이 이뤄지지 않을까 노심초사했다. 신현훈씨도 2019년 채용 시험에서 떨어져 8개월간 무직 상태였다. 한 번 선발된다고 해서 계속할 수 있는 것이 아니다. 대원이 된 이후에도 2년마다 같은 종목들로 체력을 측정한다.

산불 대응은 총 4단계에 걸쳐 이뤄지며, 초대형 산불일 때 최고 단계인 4단계가 발령된다. 2022년 발생한 울진·삼척 산불은 9일 동안 이어졌다. 대원들은 당시 두 조로 나뉘어 24시간 교대를 하며 5일 연속으로 밤새 불을 껐다. 신현훈씨는 울진·영덕·밀양 산불로 2022년에만 두 달 동안 230시간 가까이 연장근로를 했다. 특히 2만 헥타르에 이르는 부지(약 6050만 평)를 태우고 213시간 43분간 지속된 울진 산불에 대해 그는 "산불 진화·지휘 인력이 배울 수 있는 모든 것이 담긴 경험"이었다고 평가했다.

기후변화 등의 영향으로 산불이 갈수록 자주 나고 규모도 커지면서 이에 대응하는 진화대원들의 기술과 노하우도 쌓이고 있다. "산불과 우리 대원들이 서로 진화進化하고 있어요. 산불을 얼마나 잘 분석해 준비하느냐에 따라 또 다른 대형 산불에 대한 대응이나 진화鎭火 방법도 크게 달라질 겁니다."

물불 가리지 않는 사투

필수 업무 종사자인 산불재난특수진화대원들은 어떤 작업복을 입을까. 기동성과 안전, 둘 중 어느 것도 포기할 수 없는 이들에게는 어떤 작업복이 좋은 작업복일까. 이런 물음들을 안고 2023년 5월 10일 신현훈씨가 속한 삼척국유림관리소의 정기 훈련 현장을 찾았다.

강원 삼척시 근덕면의 태백산 자락 밑에 산불 진화 차량

3대가 모습을 드러냈다. 붉은색 진화복, 검은색 전술 조끼와 안전모, 보안경, 마스크, 장갑, 안전화 등 안전장구를 착용한 9명의 대원이 차에서 내렸다. 근덕면 동막리는 지난 2022년 12월 산불이 났던 지역이다.

대원들은 각자 빨간 고무호스를 양어깨에 메고 빠른 걸음으로 산을 오르기 시작했다. "여기 훈련 현장은 난이도 '하'예요. 실제로는 길이 나 있지 않은 곳을 헤쳐서 가요. 저기 보이시죠?" 한 대원이 나무가 빽빽한 산비탈을 가리켰다.

산불 현장에 도착한 대원들이 가장 먼저 확인하는 것은 불을 끄는 데 사용할 물을 얼마만큼 공급받을 수 있는지이다. 화재 현장과 가까운 도로가 좁거나 돌이 많아 소방차가 진입하기 어려우면 대원들은 개천이나 웅덩이 등을 찾아 수원으로 삼는다. 방화수를 저장해둔 진화 차량 역시 차가 다니도록 만들어진 길까지만 접근할 수 있다. 대원들은 여기서부터 화선까지 가장 짧은 시간에 이를 수 있는 경로를 찾는다. 대체로 경사가 심하고 잡목이 무성한 산비탈이다.

신현훈씨는 "대원들 옷을 벗겨놓으면 온갖 군데가 찔리고 긁힌 상처들이 많을 것"이라고 했다. "그런데 그건 감수해야 해요. 다 피해서 안전하게만 간다면 산불을 끄는 데 시간이 많이 걸리겠죠. 빨리 끄는 게 목적이라 그런 상황도 견디고 올라가야 해요."

대원들이 짊어지는 호스의 무게는 두께에 따라 다르다. 평균 10~30킬로그램에 이르고 길이는 100미터쯤 된다. 대원들은

삼척국유림관리소 산불진화대원들이
2023년 5월 삼척시 근덕면의 한 야산에서
훈련하고 있다. 산불이 나면 대원들은 각자
최대 10~30킬로그램에 달하는 호스를 메고
산을 오른다. 경사가 높고 돌이 많은 험로가
대부분이다.

호스를 땅에 내려 펼치면서 앞뒤 대원의 호스와 연결했다. 카약 선수들이 노를 젓듯 균형을 맞춰나갔다. 길게 이어진 호스를 줄다리기하듯 밀고 당기며 산을 오르니 어느덧 500미터 목표 지점에 이르렀다. 불 맨 앞에 있는 '살수' 담당이 살수 총으로 물을 뿌렸다. 진화 과정에서 대원들은 살수 총에서 새어 나오는 물, 헬기에서 쏟아내는 물에 젖는다.

진화대 창설 초창기에는 절반만 코팅 처리된 목장갑이 지급됐는데, 물을 막아주지 못했다. 대원들은 "손이 얼어 터질 것 같아" 사비를 들여 두꺼운 고무장갑을 사서 썼다. 보온용 장갑과 고무장갑을 겹겹이 껴야 견딜 만했다. 불 앞에서 호스로 물을 뿌리는 살수 담당에게는 방수 기능이 우수한 장갑이 필요하지만, 관리소에서는 한 제품만을 지급해왔다.

산불이 많이 나는 겨울철에는 물에 젖은 옷이 꽁꽁 얼어붙기도 한다. 산속의 온도는 지상보다 훨씬 낮다. 한창 불을 끌 때는 체감하지 못한 추위가, 불씨가 잦아들어 몸의 활동이 줄어들면 한꺼번에 찾아와 뼛속까지 파고든다. 한겨울에는 진화복 안에 최대한 여러 겹을 껴입지만 오한을 당해낼 수 없다. 빠듯한 인력에 교대로 내려가 옷을 갈아입기는 여의치 않고, 산을 오갈 때는 짐의 무게를 가능한 줄여야 해 여벌을 챙기기도 쉽지 않다. 결국 대원들은 방화수가 동났거나 김밥과 빵 등 간식이 올라오면, 현장에 남은 불길 주위에 삼삼오오 모여 앉아 옷을 말린다. 움츠러든 몸을 조금이나마 누그러뜨릴 수 있는 시간이다.

열악한 환경, 더 열악한 장비

훈련 현장에서 만난 삼척관리소 대원들은 한 아웃도어 브랜드에서 나온 등산화를 신고 있었다. 짐을 메고 산을 오르내리는 일의 특성을 고려해 관리소에서 지급한 것이다. 하지만 이들이 처음부터 등산화를 받은 건 아니었다.

산림청은 고용노동부 보호구 안전인증 고시에 따라 대원들이 '가죽 안전화'를 신도록 규정했다. 충격으로부터 발가락을 보호하기 위해 앞코 부분에 선심을 넣은 신발로, 건설 현장 노동자들이 신는 안전화와 비슷하다. 발 사이즈에 따라 최장 4.2센티미터 길이의 선심이 들어간다.

그러나 일괄적으로 지급받은 가죽 안전화를 신고 가파른 산을 타면 신발 안에서 발이 이리저리 움직였고, 철을 댄 부분이 닿아 피가 나기 일쑤다. 신현훈씨는 "안전화를 신고 산을 오르내리다가 발톱이 빠진 대원이 있었다"고 했다.

신발은 대다수 대원들이 개선이 필요하다고 꼽는 안전장구였다. 이들은 지침이 규정한 안전화가 등산에 적합하지 않다고 했다. 사비를 들여 구매한 경험이 있는 이들도 상당수였다. 관리소 측도 "안전화를 사게 되어 있는데 이거 신고는 무거워서 일을 못한다"며 규정과 현장의 괴리를 인정했다.

신현훈씨는 총 5개의 제품을 거쳐 이전에 일한 관리소에서 받은 신발을 3년째 신고 있다. "한 번 신으면 24시간 벗지 않고

경남 지역에서 근무하는
한 산불진화대원이 대원들의
단체대화방에 올린 사진이다.
이 대원은 지급받은 신발을
신고 산불 현장에 출동한 첫날
밑창이 떨어졌다면서
이 사진을 올렸다.

있는 경우도 있어요. 이력서의 '이' 자가 '신발 이履' 자예요.
신발의 변천사에 따라 특수진화대 처우가 변화하는 게 느껴지죠.
일부 관리소에선 아직도 안전화를 주고 있다는데 차츰 줄어들
거고요. 좋은 제품을 사서 쓰다 보면 비용도 아끼고 대원들
만족도도 높죠."

　　대원들의 요구를 받아들여 안전과 편의성을 고려해 장구를
지급하는 곳이 있는가 하면, 여전히 관행을 고수하는 관리소도
있다. 관리소가 업체와 개별적으로 수의계약을 맺는 탓에
대원들이 받는 진화복과 안전장구는 담당자의 의지와 정보력에
따라 천차만별이다. 산불 진화 작업에 대한 이해도가 높은

담당자가 없는 관리소의 대원들은 열악한 장구를 착용할 수밖에 없는 현실이다.

같은 일 하는데 작업복은 천차만별

2022년 울진에서 발생한 산불처럼 산불의 규모가 클 경우, 해당 지역뿐 아니라 인근 지역을 담당하는 산불재난특수진화대원들까지 출동한다. 한자리에 모인 대원들은 이때 서로의 진화복과 신발, 안전모, 장갑 등 안전장구를 보면서 비교할 기회를 갖는다. 더 튼튼하면서도 가뿐한 신발, 경량화해 머리에 가해지는 하중이 덜한 안전모 등 더 나은 장비의 존재를 확인하는 순간이기도 하다.

충주국유림관리소 대원 황재광씨는 "좋은 제품을 쓰는 관리소가 있는가 하면, 형편없는 장비를 주는 곳도 있다"며 "어떤 관리소는 대원들에게 배정된 피복비 예산을 남김없이 다 쓰지만, 어떤 곳은 그렇지 않다"고 말했다. 신현훈씨는 "대원들이 쓰는 것을 모아봤더니 진화 장갑은 20종 이상, 안전모는 7~8종, 진화복은 2~3종 정도 된다. 전국에서 쓰는 게 다 다르다"고 했다.

산불 현장 일선에서 불을 끄는 대원들은 하나같이 관리소마다 다른 진화복과 안전장구의 문제점을 지적했다. 같은 일을 하는데 착용하는 옷과 안전장구의 차이가 너무 크다는 것이다. 이 차이는 결코 단순하지 않다. 어떤 옷과 안전장구를 착용하느냐에 따라 안전하고 쾌적하게 일할 수 있는지가 갈린다. 더 나아가 이는 진화 역량의 차이로 이어질 수 있다.

산림청이 책정한 대원 1인당 연간 피복비는 110만 원이다. 지역 국유림관리소는 이 예산 안에서 진화복과 안전장구 등을 구매해 대원들에게 지급한다. 신정훈 더불어민주당 의원실을 통해 확보한 5개 지방산림청과 그 산하에 있는 27개 국유림관리소의 안전장비 구매 계약 내역(2019~2023)을 보면, 대원들이 지급받는 물품의 가격 차가 최대 7배까지 벌어진다. 일례로 2023년 각 관리소가 구입한 안전화는 최저가가 5만 5000원이었고, 최고가는 39만 원이었다. 서부청 순천관리소 대원들은 5만 5000원짜리 안전화를 지급받았는데, 중부청 단양관리소 대원들은 39만 원짜리를 받았다.

같은 지방청 산하 관리소 사이에서도 큰 차이가 나는 경우가 있었다. 동부청의 경우 태백관리소는 9만 원짜리 안전화를 구입했고, 강릉관리소는 29만 6000원과 30만 8000원짜리를 사들였다. 중부청은 충주관리소가 9만 3000원짜리 안전화를, 단양관리소는 39만 원짜리를 구입했다. 북부청 홍천관리소는 8만 원짜리 헬멧을 구입한 반면, 북부청 산림재해안전과 대원들이 지급받은 헬멧은 36만 3000원으로 가격 차가 4배를 넘었다.

산림청 관계자는 소속 관리소마다 대원들이 지급받는 장비의 가격에 큰 차이가 나는 이유에 대해 "현장에서 (구매 물품이) 성능 기준에 적합하다고 판단한 사안이기 때문에 일일이

삼척국유림관리소에 놓인 산불진화대원들의
신발. 안전화, 전술화, 등산화 등 관리소마다
지급한 신발이 제각각이다.

통제할 수 없다"고 했다.

산불진화대원 복제 지침이 규정한 '최소한의 조건'만
충족하면 가격은 천차만별이어도 상관없는 걸까. 가격과
질이 반드시 비례한다고 할 수는 없지만, 여러 제품을 써본
대원들은 상관관계가 있다고 입을 모았다. 태백관리소 대원
김영래씨(가명)는 "대원들마다 지급받는 불갈퀴도 갖가지"라고
말했다. 불갈퀴는 불이 번지지 않도록 대원들이 방화선을 구축할
때 쓰는 필수 장비인데 통일되어 있지 않다는 것이다. 그는 "어떤
제품은 억센 나무뿌리 등을 자르기에 적절하지 않아 방화선을
만들 때 어려움을 겪는다"고 했다.

특히 신발은 저가일수록 산악 지형에서 장시간 근무하는 대원들의 임무 수행에 지장을 초래할 가능성이 크다. 강원 지역에서 수년째 산불진화대원으로 일하고 있는 최은석씨(가명)는 "2022년에 지급받은 중국산 신발을 신고 불을 끄러 갔는데 밑창이 다 빠져 발이 아팠다. 인터넷 검색으로 확인해보니 2만 원대 신발이더라"라고 털어놨다.

느슨한 관리감독, 부실한 작업복

대원들이 받는 진화복과 안전장구가 저마다 다른 가장 큰 이유는 관리소별로 수의계약으로 물품을 조달하기 때문이다. 각 관리소가 업체들이 낸 견적서를 보고 필요한 물품을 개별적으로 계약하는 방식이다. 소방서들이 일부 소량을 제외한 방화복과 안전장구를 시·도 소방본부 단위로 조달청 공개 입찰을 통해 구매하는 것과 대비된다.

산림청은 전국에 흩어져 있는 산불진화대원이 관리소별로 10~20명에 그치기 때문에 계약 금액이 소액이라 수의계약을 한다고 설명한다. 산림청이 신정훈 의원실에 제출한 안전장비 구매 계약 내역을 보면, 관리소별로 안전화 12켤레, 장갑 12켤레, 방진 마스크 300개 등 소량·소액 구매가 대부분이었다. 복장과 장비의 통일성도, 규모의 경제도 기대하기 어려운 구조다.

다만 이들이 개별적으로 진화복과 장비를 구입하는 데

산불진화대원들이 지급받는
안전장구 가운데 하나인 방독 마스크(왼쪽)와
방화 텐트(오른쪽).

쓴 예산을 모두 합하면 매년 3억 원 안팎인 것으로 파악됐다.
조달청 규정에 따르면, 계약 건당 추정 가격이 1억 원 이하인
경우 수의계약 등을 통해 자체적으로 구매할 수 있다. 전체 거래
규모를 고려하면, 수의계약을 고집해야 할 이유가 없었다.

　　몇몇 업체에 몰려 있는 계약은 과점 구조를 선명히
보여줬다. 최근 5년간 진화복 계약 내역(관리소가 기재한 품목
기준)을 분석한 결과, 총 442건의 진화복 계약 가운데 절반을
넘는 240건(54.3퍼센트)이 A업체에 돌아갔다. 뒤이어 B업체가
87건으로 19.7퍼센트를 차지했다.

　　대원들은 이처럼 견제받지 않는 과점 구조에 의심의

눈초리를 보낸다. 복제 지침이 봉제에 대한 구체적인 지침까지
세세하게 규정하고 있지만 막상 진화복을 받아보면 만듦새가
허술해 잘 터지는가 하면, 방염과 발수가 제대로 기능하는지
의심스럽다는 것이다.

강원 지역에서 일해온 박석연씨(가명)는 "납품 업체가 옷을
엉터리로 만들어서 대원들이 사비를 들여 수선소에 맡긴 적이
있다"고 했다. "어떤 옷은 바지통이 너무 좁아 산에 올라가거나
쪼그려 앉으면 재봉선이 터졌고, 다른 옷은 포대자루마냥 통이
넓어 활동하기 편하지 않았어요. 옷이 정말로 불에 타지 않는지
의심스러워서 라이터 불로 지져본 적도 있습니다."

예산 집행이 공적 시스템 안에서 이뤄지지 않다 보니
작업복과 안전장구의 적정 품질이 보장되지 않는다는 지적이
이어진다. 2017년 7월 일부 지자체 공무원들이 산불 진화 장비를
사들이면서 업자들에게 뒷돈을 받은 사실이 경찰에 적발되자,
산림청은 전국 시·군·구와 국유림관리소의 산불 진화 장비
구입에 대한 실태조사를 진행했다. 당시 산림청은 조사 결과를
바탕으로 장비 구매 및 관리 체계를 투명화하겠다고 밝혔다.
하지만 대부분의 관리소가 여전히 계약 내역을 대원들이나
외부에 공개하지 않고 있다.

계약의 투명성은 납품받는 제품의 품질과 직결되고,
투명성을 높이려면 철저한 관리감독이 필요하다. 조달청은
국민 안전 물자인 소방용 특수방화복을 안정적으로 공급하기
위해서는 일부 업체에 납품이 쏠리는 현상을 방지하는 것이

필요하다고 보고 2020년 1월 1일부터 업체별 공급 비율을
50퍼센트 이하로 제한했다. 조달청 관계자는 "한 업자와만
계약하면 (계약 업체가) 나태해질 수 있어 상시로 경쟁 체제를
만드는 것"이라고 했다.

산림청 차원의 관리감독이 부족하다는 지적도 있다.
산림청은 납품 업체들이 복제 지침을 제대로 따르는지 등에
대한 확인 작업을 하지 않고 있다. 산림청 관계자는 "진화복을
납품받을 때 산림청 규정에 맞는지는 발주한 (관리소 담당)
부서에서 확인하고, 따로 산림청에 보고하지는 않는다"고 했다.
산림청 본부에서 관련 보고를 받고 확인할 인력이 없다는 이유도
댔다.

한 업계 관계자는 "중국, 베트남 등 외국에서 만든 옷을
국내에서 납품하는 경우가 있다"면서 "일부 업체는 산림청 퇴직
공무원을 영업이사 등으로 영입하는데, 이런 업체들이 시장에서
유리한 게 현실"이라고 귀띔했다.

현장 목소리를 누락한 지침

산불진화대원의 작업복은 엄연히 지침에 근거해 만들어지는데,
왜 현장의 불만은 끊이지 않을까. 산림청 산불진화대원 복제
지침은 사양서에 맞게 제작된 진화복을 지급해야 하고,
방염 등의 기준을 충족하는지에 관한 '성능시험 성적표'를

확인해야 한다고 명시하고 있다. 진화복 관련 규정을 보면 바느질 땀수까지 세세하게 제시한다. '땀수는 균일해야 하며, 1센티미터당 6땀 이상이어야 한다'거나 '터지기 쉬운 곳은 3회 이상 되돌아 박기로 한다'는 식이다. 방염 텐트, 안전화, 헬멧, 장갑 등 방염 안전장비에 대한 성능기준표도 있다.

그러나 세심해 보이는 지침을 하나씩 뜯어보면, 뜻밖의 무심함이 드러난다. 섬유가 물에 젖지 않고 튕겨내는 정도를 뜻하는 '발수도'는 산림청 복제 지침의 '산불 진화복 규격표' 평가 항목 중 하나이다. 현행 지침이 산불 진화복에 요구하는 발수도는 3급이다. 마찬가지로 불을 다루는 일을 하는 소방대원의 방화복은 4급으로, 산불 진화복보다 발수 성능이 좋다.

소방 방화복은 장시간 물에 노출되는 등 습한 조건에 놓일 때 옷의 질량이 최대 30퍼센트 이상 늘지 않도록 규정했다. 하지만 산림청 복제 지침은 산불 진화복에 이런 흡수 저항성을 요구하지 않는다. "물에 젖어 옷이 무겁다"는 대원들의 불만이 나오는 배경이다. 화학물질 침투를 막는 '액체 침투 저항성' 기준이 없는 것도 소방 방화복과 다른 부분이다.

복제 지침은 발수도뿐 아니라 혼용률, 난연성, 불꽃열 통과량 등 다양한 항목에 대해 일정한 성능을 요구하지만 소재를 특정하지는 않는다. 난연성과 발수도 등은 옷의 소재와 가공 상태에 따라 달라진다. 소방 방화복은 내구성과 난연성이 뛰어난 아라미드계 섬유 등 특정 소재만을 사용하도록 한다. 아라미드

신현훈씨가 착용하는 조끼. 대원들은 조끼의
무게를 10킬로그램가량으로 체감했다.
조끼에 불갈퀴 등 진화 장비와 생수병 등
필요한 물품들을 넣으면 무게는 배가 된다.

소재는 열에 강해 화상 등 위험을 줄인다고 간주된다. 그러나
산불진화대원들은 종종 비난연 소재에 방염 약품을 처리한
옷을 지급받곤 했다. 이렇게 후가공 처리만 한 옷은 세탁을
반복하거나 장기간 착용하면 성능이 떨어지는 문제가 있다.

산불진화대원들은 대체로 진화복 원단의 혼용률 등 옷의
사양을 세세히 알지 못했다. 업체로부터 기성 진화복을 납품받는
지방산림청·국유림관리소 담당자가 전달하는 정보를 믿을

신현훈씨가 산불 진화 작업시 착용하는 소방용 안전 장갑. 아라미드와 폴리우레탄이 혼용된 소재로 난연 성능을 갖췄다. 그는 "장갑을 여러 차례 바꿔봤는데 전에 있던 관리소에서 받은 장갑이 제일 좋은 것 같아 쓰고 있다"며 "대원들마다 끼는 장갑이 다 다르다"고 했다.

뿐이다. 이마저도 관리소마다 제공하는 정보에 격차가 있다.

강원 지역의 한 대원은 "현장에 들어가보면 난연 원사로 만든 옷인지, 일반 원사에 방염 약품이 처리된 옷인지에 따라 진화복이 타냐, 안 타냐 차이가 난다"면서 "불이 지나간 자리에서 잔불을 정리하면 불티가 날아와 옷에 붙기도 하는데 후가공 처리된 옷들은 더 잘 눌어붙는다"고 했다.

고위직이 입는 옷이라면 이렇게 만들겠어요?

대원들은 작업복을 입는 당사자가 관련 예산을 집행하는 과정에서 소외되는 게 문제라고 입을 모았다. 예산이 얼마나 책정되어 있고 얼마를 썼는지, 개선을 위해 확보해야 하는 예산의 규모가 어떠한지 등을 알 수 없기에 그저 주는 대로 받을 수밖에 없다는 것이다. 노조가 산림청에 피복·장비 예산 사용 내역을 요청했지만 받지 못했다.

수원관리소 소속 대원 이태오씨(가명)는 지난 2022년 새 방염 장갑을 지급받지 못해 전년도에 받은 장갑을 썼다. 출동이 많다 보니 그마저도 해져서 목장갑을 끼고 산불 현장에 들어가야 했다. 그 이후로 몇 번을 재차 요청한 끝에야 겨우 방염 장갑을 받을 수 있었다. 산림청 지침에 따르면, 산불진화대원들이 끼는 장갑은 180도에서 용융(녹아서 섞임)되어서도, 적하(방울져 떨어짐)되어서도, 발화되어서도 안 된다. 목장갑은 불티가 튀면 금세 불이 번지면서 타기 때문에 화상 위험이 크다.

대원들의 의견이나 필요와 동떨어진 장비 보급에 대한 불만은 끝이 없었다. 2023년 대다수 관리소에 한두 개씩 지급된 200만 원 상당의 전동식 마스크도 그중 하나다. 공기 정화통이 장착된 마스크인데 대부분 창고 신세가 됐다. 대원들은 이 마스크에 대해 "연기를 걸러주지 못한다" "무겁고 착용감이 불편하다"고 평했다.

대원들이 무조건 비싼 것을 원하는 것은 아니다. 안창영씨는

1000원짜리 마스크를 쓰다가 조선소에서 일하는 지인의 추천을 받고 내피가 있는 방진 마스크로 교체했다. 겨우 1000원 차이였지만 확연히 달랐다. 겨울철에 마스크를 끼고 일하면 숨을 쉴 때마다 마스크 안에 물이 고여 피부에 발진이 생기곤 했다. 내피가 있어 마스크 면이 피부에 직접 닿지 않으니 한시름 놓을 수 있었다. 안창영씨는 "200만 원짜리를 원하는 게 아니라, 대원들이 필요로 하는 제품을 많이 사줬으면 좋겠다"고 했다. 이태오씨는 "'우리가 써보니 좋다'면서 제품명까지 알려준 마스크는 정작 지급되지 않아 개별적으로 구매한 일반 마스크를 쓰고 산에 올랐다"고 했다.

보안경 역시 적합하지 않은 제품이 지급되곤 했다. 야간에도 출동해 산에서 불을 끄는 대원들에게 불티를 막아주면서 시야를 확보해주는 보안경은 필수 안전장비다. 그러나 한 대원은 스키장에서 쓸 법한 고글을 받았다. 쓰면 오히려 앞이 보이지 않아 벗고 진화 작업을 하다가 나뭇가지에 눈을 긁혔다. 결국 렌즈가 코팅되지 않은 투명한 색상의 보안경을 따로 구비했다.

진화복과 안전장구 선정 과정에 개입할 수 있는 권한의 부재는 산불진화대원들의 불안정한 지위와 맞닿아 있다. 고용이 불안정하고 고용인-피고용인 간 위계가 견고한 상황에서 상부에 문제제기하기란 쉽지 않다. 신현훈씨는 "계속 참고 넘어가다 보니 이런 일이 반복됐다"며, 작업복에 담긴 계급을 짚었다. "그 사람들의 중요도, 하는 일을 생각한다면 선정 절차에 참여하도록 해야 하는데요. 제복 입는 사람들은 사실상 어느

강원 지역의 산불진화대원이 지급받은
고글은 대원들의 요청으로 지급된
제품이지만 렌즈가 코팅된 탓에 야간에
시야를 확보하기 어렵다.

조직에서나 하위직이란 말이에요. 고위직들이 입는 옷이라면
그렇게 만들겠어요? 이 사람들이 약자이기 때문에 그렇다고
생각해요."

　　무엇보다 중요한 것은 안전 업무 직군의 작업복과
안전장구를 선정하기에 앞서 현장 조사를 실시하는 것이다.
한국의류시험연구원의 허재호 본부장은 "외부 위험 요소가 작업
환경마다 다르다. 요소를 목록화한 다음 해당 요소 때문에 다친
사람이 있는지를 먼저 조사하고 작업자가 다치지 않게 하려면
어떤 기능이 필요한지의 관점으로 접근해 제품을 선택해야

한다"고 했다.

달라지고 있는 진화복

2024년 1월, 산림청은 대원들에게 새로 바뀐 진화복을 지급했다.
산림청은 2023년 7월 진화복 제작 업체 6곳과 국립산림과학원
연구원, 산림청 공무직노조를 불러 새 진화복에 대한 의견을
모았다. 대원들은 산에서 장시간 일하는 업무 특성을 고려해
안전 기준을 충족하는 선에서 편리성을 보강해달라고 요구했다.
이로부터 석 달여 뒤, 산림청은 5개 지방청별로 대원 1명씩을
무작위로 뽑아 시제품을 입히고 의견을 들었다.

　이후 전국의 관리소에 난연성과 내구성이 뛰어난 아라미드
소재의 진화복이 지급됐다. 신현훈씨는 옷을 받자마자 라이터로
불을 붙여봤다. 눌어붙는 자국이 남았던 이전 진화복과 달리
형태가 유지되는 것을 확인할 수 있었다.

　상의와 하의 색상은 각각 붉은색과 청색으로 바뀌었다.
진화복 상의에는 야광띠를 붙여 밤에도 대원들이 잘 식별되도록
했다. 하의는 산에 오르내릴 때 편의성을 높이기 위해 신축성을
보강했다. 다만 보풀이 잘 생기고 주머니의 위치가 알맞지
않은 등 진화복의 품질이 떨어진다는 지적도 나왔다. 품평회에
참여하는 대원을 선정하는 기준이 공정하지 않다는 비판도
있었다.

그 외에도 산림청은 대원들의 안전모를 수거해 방염 처리를 위한 도색 작업을 했다. 신발 앞에 선심이 박혀 있어 대원들이 산에서 일할 때마다 불편함을 호소했던 안전화는 가급적 착용을 의무화하지 않도록 했다. 각 관리소가 업체들과 개별적으로 수의계약을 맺어 관리감독의 사각지대가 발생하는 문제는 앞으로 산림청이 일괄적으로 진화복과 안전장구를 구매하는 식으로 손볼 가능성이 크다.

작업복만으로 해결되지 않는 문제들

고용노동부는 2022년 7월 6일 산불진화대원을 비롯한 산불 진화 인력들의 일을 재난 필수 업무로 지정했다. 산불 대응의 중요성을 인정하고 인적·물적 지원을 아끼지 말라는 일종의 가이드라인과도 같았다. 그 이후로 현장은 얼마나 달라졌을까.

산불진화대원들은 불을 다루는 업무 특성상 위험수당을 지급해달라고 요구해왔다. 산림청은 2023년부터 매년 위험수당을 예산안에 올렸지만, 기획재정부가 예산을 전액 삭감했다. 산불 진화 업무에 간혹 투입되는 공무원들에게도 위험수당이 지급되지 않다가, 2024년부터 재난 안전 업무 상시수행자 특수업무수당이 신설돼 인당 8만 원이 지급되고 있다. 대원들은 이것이 고용 형태에 따른 차별일 수 있다고 지적한다. 신현훈씨는 "산 밑에 있는 공무원들은 수당을 받고

산속에서 직접 불을 끄는 사람들은 수당을 못 받고 있다"고
했다. 국가인권위원회는 2014년과 2016년에 공무원에게
지급하는 위험근무수당과 장려수당을 같은 환경에서 일하는
무기계약직에게 지급하지 않는 것은 차별이라는 결정을 내린 바
있다.

산불 진화 인력의 전문성을 키울 장기적인 계획을 마련할
필요도 있다. 산불진화대원에게 어떤 역할을 맡길지에 대한
청사진이 없다 보니 대원들이 온전히 역량을 발휘하기는 쉽지
않다. 신현훈씨는 "진화 경험을 쌓은 대원들이 지휘관으로
성장할 수 있는 여건을 만드는 게 중요하다"고 말했다. 대원들의
역량을 끌어올릴 산림청 차원의 계획이 있어야 처우 역시 개선될
수 있다고도 지적했다.

최근 20년(2003~2022) 사이 연평균 535건의 산불이
발생했다. 2022년 한해에만 740건의 산불이 났다.
산불진화대원들에게는 535번, 740번의 현장인 셈이다.
신현훈씨는 현장에서 함께 불을 끄는 다른 대원들에 대한 처우
개선이 여전히 더디다고 여러 번 힘주어 말했다. 지자체 소속
단기 계약직인 산불예방전문진화대를 비롯해 고용이 불안정한
대원들이 상당하다는 것이다. 고용 형태에 따라 지급받는 옷과
장구부터 다르다.

그는 산불의 위력 앞에서 왜소해진다면서도 이 일이 주는
사명감에 대해 말했다. "산불 바로 앞에 서면 제가 해야 하는
임무만 생각해요. 그냥 끄는 거예요. 제 할 일이니까. 그게 쌓이다

보면 사명감이 생기는 거죠."

　　다른 인력으로 언제든 대체될 수 있다고 여겨져온 이들이 자부심을 잃지 않고 오래도록 일할 수 있을까. 대원들은 오늘도 산속으로 들어간다.

"머리부터
발끝까지,
우리를 보호할 수
있는 건
하나도 없어요"

"특히 위생모 쓸 때는 머리카락이 삐져나오지 않게 해주세요."

어렵게 현장 취재 허락을 받은 한 학교의 급식 조리실. 조리실로 들어가기 전 머리를 동그랗게 말아 위생모 안에 넣었다. 조심스럽게 문을 열자 나와 같은 분홍색 체크무늬 모자를 쓴 사람들이 벌써 쉴 새 없이 움직이고 있었다. 매일 1000인분의 밥을 짓는 사람들이었다. 학교 급식 조리 현장을 실제로 볼 수 있는 기회는 흔치 않다. 위생이 중요한 공간이라 외부인의 출입이 엄격히 통제되기 때문이다. 이날 취재를 준비하며 나는 반드시 챙겨야 할 장면 몇 가지를 머릿속에서 미리 시뮬레이션해갔다. 어떤 현장은 인터뷰로부터 사전에 아무리 자세한 설명을 들어도 직접 눈으로 보지 않으면 절대 알 수 없을 것 같다는 생각이 든다. 내겐 학교 급식 조리실이 그랬다.

들어가자마자 머리에 그렸던 장면들이 눈앞에 차근차근 펼쳐졌다. 요리 재료를 손질하고 쌀을 씻는 전처리실에서는 물소리 때문에 사람들의 목소리가 잘 들리지 않았다. 스테인리스 집기와 돌바닥에 부딪혀 나는 물소리를 피해 조리실로 넘어갔다. 이날의 메인 반찬은 생선튀김. 반질반질하게 윤이 나는 새카만 튀김솥이 대기 중이었다. "내가 할게." 경력이 많은 급식 노동자 한 명이 솥 온도를 '140도'로 맞췄다. 집에서 혼자 먹을 튀김 몇 개를 만들 때도 기름 튀는 소리가 사나워 깜짝깜짝 놀라곤 했는데, 1000인분용 기름이 담긴 솥에선 아무 소리도 나지 않았다. 너무 조용해서 더 위협적이었다. 일을 시작한 지 고작 30분이 흘렀을 뿐인데, 급식 노동자들의 볼에 땀이 송글송글 맺혔다. 정해진 순서에 맞춰 재료를 씻고, 나르고, 써는 움직임들을 보고 있자니 구석에 가만히 서서 수첩에 기록을 하는 나의 노동이 조금 하찮게 느껴졌다.

얼마나 지났을까. 초조한 마음으로 '기사에 꼭 들어가야만 하는' 장면들을 스케치하고 나자, 이번에는 머리로 미처 그려보지 못했던 장면들이 눈에 들어왔다. 생선튀김은 온도계를 쿡 찔러 넣었을 때 일정 온도까지 올라가야 '확실히 다 익었다'고 판단하고 요리를 끝낼 수 있다. 그런데 이날은 이상하게 튀김을 찔러볼 때마다 나와야 하는 온도에서 1~2도가 부족하게 나왔다. 육안으로는 누가 봐도 다 익은 튀김이었다. 그래도 '혹시나' 하는 마음에 두어 번을 다시 튀기고, 결국 조리사가 직접 먹어보기까지 하고 나서야 튀김은 반찬통에 담길 수 있었다.

예상치 못한 것 중에는 오이냉국도 있었다. 음식의 종류별로 노동자들이 힘들어하는 포인트가 다르기 때문에, 나는 이날 메뉴를 미리 체크해갔다. 메인 반찬이 아니었던 오이냉국은 그 메모에 없었다. 솔직히 튀김이나 제육덮밥에 비해 만들기 어렵지 않을 것 같았다. '그냥 오이 썰어서 식초랑 설탕으로 간한 차가운 국물에 넣으면 되는 거 아닌가' 생각했다. 하지만 달리 어려울 게 없어 보였던 이 반찬은 그날 급식실에서 사람들을 가장 괴롭게 만든 메뉴 중 하나였다. 일단 오이가 너무 많았다. 오이의 껍질만 벗기는 게 아니라 심까지 빼야 한다는 것도 문제였다. 대형 통에 담긴 오이는 아무리 다듬어도 줄어들지 않았다. 두 명이서 시작한 작업은 밥이 거의 다 될 때까지도 끝나지 않았다. 다른 일을 하던 이들이 짬이 날 때마다 오이 다듬기에 손을 보태고 나서야 겨우 끝났다. 이런 장면들 앞에서 절로 겸손해졌다.

배식이 시작되기 30분 전, 배식 자원봉사자들이 하나 둘 모습을 드러냈다. 자원봉사자들에게는 사전에 취재 허락을 받지 못했다. '슬슬 철수해야 하나' 생각하며 세척실로 이동했다. 세척실에는 전처리실과 조리실에 있었던 노동자 한 명이 자기 허리 높이까지 오는 '원카'(동그란 모양의 카트로, 조리실 안에서 재료나 음식을 나를 때 쓴다) 서너 개를 혼자 닦고 있었다. 방해가 될까봐 세척실 안으로는 들어가지도 못하고 어색하게 문 옆에 서서 "이걸 혼자 다 하시는 거예요?"라는 무의미한 말을 건넸다. 그가 갑자기 움직임을 멈추더니 나를 보며 씩 웃었다. 그리고 이렇게 말했다. "너무 멋있지 않아요? 그렇게 많은 음식을 다 해내고, 이걸 또 혼자 다 씻고."

"맞아요!"라고 맞장구를 치며 생각했다. 이 장면은 절대 잊을 수 없겠다고. 급식 노동자편은 이런 마음들을 담아 썼다.

위생, 또 위생

문을 열자 바닥에 있는 납작한 소독 발판이 먼저 눈에 들어온다. 락스가 자박한 발판에 위생 장화를 신은 발을 담갔다 뺀다. 안으로 들어서자 이번엔 사방이 스테인리스다. "고온 주의" "감전 주의" "뜨거움 주의" "경고문: 컨베이어 고리에 옷이나 장갑이 끼어들어가지 않도록 주의하십시오" 등등. 눈길이 닿는 거의 모든 곳에 빨갛고 노란 경고문이 붙어 있다.

바닥에서는 걸을 때마다 뽀드득 소리가 난다. 창문 앞 벽면에는 대형 솥 3개가, 솥 주변에는 동그란 모양의 원카들이 여기저기 흩어져 있다. 창문 안으로 햇살이 들어오자 모든 곳에서 조금씩 윤이 났다. '청결함'이라는 단어를 공간으로 바꾸어놓은 듯한 곳. 오른쪽을 보면 화학실험실이 연상되고, 왼쪽을 보면 작은 공장 같기도 한 이곳은 매일 1000명에 이르는 인원이 먹는 음식이 조리되는 학교 급식 조리실이다.

학교 급식 노동자들이 일할 때 입는 옷을 보면 '빈틈이 없다'는 생각부터 든다. 위생복 상·하의, 위생 장화, 고무장갑, 고무장갑 안에 끼는 목장갑, 방수 토시, 방수 앞치마, 마스크. 마지막으로 머리카락이 보이지 않게 착용해야 하는 위생모까지 쓰고 나면 신체 중 외부에 노출된 부분은 눈밖에 없다. 이렇게까지 몸을 꽁꽁 싸매는 가장 큰 이유는 몸에서 떨어지는 불순물이나 세균 등으로부터 음식의 위생을 지켜내기 위해서다.

"학교 급식의 제1순위는 위생, 무조건 위생이에요." 중학교와 초등학교를 오가며 15년째 밥을 짓고 있는 박기정씨가 말했다. 급식 노동자들은 교차오염(식재료, 사람, 기구 등에 붙어 있던 미생물이 오염이 제거된 음식이나 기구로 전이되는 것) 방지를 위해 작업 공정별로 도구뿐 아니라 입고 있던 앞치마와 장갑도 계속 바꿔가며 일을 한다. "앞치마는 전처리용, 조리용, 배식용, 세척용 네 가지로 구분해 착용한다"는 교육부의 '학교 급식 위생관리 지침서'에 따른 것이다. 공정별로 다른 색의 앞치마를 지정해 용도를 구분한다. 어떤 공정에 무슨 색 앞치마를 입어야 한다는 지침은 없다. 학교마다 다 다르다. 보통 조리할 때 입는 앞치마와 장갑이 흰색이나 미색으로 가장 밝다. 불순물이 묻었을 때 잘 판별하기 위해서다.

오이냉국이라는 메뉴로 예로 들어보자. 박기정씨는

납품 업체로부터 오이를 받아 검수하고 세척하는 전처리
단계 때 분홍색 앞치마에 같은 색 고무장갑을 착용한다. 칼로
오이를 채썰고, 미역을 데치고, 냉국 육수의 간을 맞추는 조리
단계에서는 흰색 앞치마에 흰색 장갑으로 바꿔 낀다. 칼 혹은
육수를 담은 통같이 조리 때 썼던 도구를 씻는 후처리 단계 때는
하늘색 앞치마에 빨간색 고무장갑을 사용한다.

교차오염 방지를 위해 중요한 것은 식재료와 조리 도구의
방향이다. 급식실에서 식재료는 전처리→조리→후처리의
일방향으로 이동한다. 칼, 도마 등도 순서별로 구분해 사용한다.
그런데 밥을 짓는 사람은 일방향으로 움직이기 어렵다. 전처리,
조리, 후처리 공정을 전부 다른 사람이 하기엔 인력이 부족하기
때문이다.

물론 그날그날 재료 다듬기 당번, 메인 메뉴를 전담하는
당번 등은 정해져 있지만 '자기 일'만 하고 끝나는 경우는 많지
않다. 맡은 일을 처리해야 하는 것은 물론, 눈치껏 동료의 일도
거들어야 한다. 한림대 감염내과 이재갑 교수는 "제일 중요한
것은 식재료, 조리 도구가 역류하지 않는 것이고, 사람도 그렇게
하면 좋지만 인력이 안 되니까 일단은 옷을 갈아입고 장갑을
갈아 끼게 하는 것"이라고 설명했다. "(만약 인력이 더 있다면) 옷을
갈아입지 않아도 되니까 일하는 분들 입장에서는 훨씬 편하죠."

1000인분이 조리되는 동안 일어나는 일

학교 규모마다 차이가 있지만, 대다수의 학교에서 급식
노동자 1명이 감당해야 하는 식수 인원은 100명이 넘는다.
급식실의 인력은 늘 부족하다. 공정별로 주요 작업자를 미리
정해놓더라도, 그날그날의 상황에 맞게 유연하게 공정을
넘나들며 일해야 한다. 무엇보다 학교 급식은 시간과의
싸움이다. 3시간 30분쯤 되는 짧은 시간 안에 적게는 수백,
많게는 1000인분이 넘는 식사를 완성해야 하기 때문이다.

결국 한 사람이 두세 걸음 걷고 앞치마를 교체하고, 국 한
번 휘젓고 장갑을 바꿔 낄 수밖에 없다. 물에 젖은 앞치마는
무겁고, 고무장갑은 달라붙어 잘 벗겨지지 않는다. "밥이랑
국하고 과일까지 나가야 하는데 사람은 한정되어 있으니까 계속
종종걸음으로 걷고, 뛰고, 미끄러질 수밖에 없는 거예요." 서울의
한 초등학교 급식 조리실에서 일하는 도을순씨가 말했다.

공정별로 대비해야 할 것이 어디 교차오염뿐일까. 튀기기,
볶기, 삶고 데치기 같은 본격적인 조리 공정에서는 고온의
기름과 불, 끓는 물이 대량으로 쓰인다. 그런데 전처리 때 입는
하늘색·분홍색 앞치마, 조리 때 착용하는 흰색 앞치마는 색깔만
다를 뿐 소재도, 모양도, 기능도 똑같다. 위험한 작업이라고 해서
달라지는 것은 아무것도 없다. 급식 작업복이 보호하는 대상이
무엇인지 명확하게 알 수 있다. "그냥 색깔만 바뀌는 거예요.
튀김 한다고, 뜨거운 것 앞에 서 있다고 앞치마가 특별히 두껍진

한 급식 노동자가 오징어링과 생선가스를
튀기고 있다. 튀김 당번은 끓는 기름의 온도를
150도와 200도 사이에서 계속 조절해가며
튀김가루가 묻은 오징어와 생선을 튀겼다.
뜰채로 중간중간 음식을 건져 색깔을 확인해야
한다. 몸보다 큰 솥 앞에서 작업을 하다 보면
앞치마, 장갑이 솥 가장자리에 계속 닿을 수
밖에 없다.

않아요." 고등학교에서 급식 조리 일을 하는 5년 차 급식 조리사 곽미란씨가 말했다. "방수 앞치마도 막 갈라져요. 갈라져서 그 틈으로 물이 들어와요. 그런데 바빠서 바로 바꿔 입지도 못해요."

'잔반 없는 날'은 급식 잔반을 줄이기 위한 날이다. 가능한 한 밥을 남기지 않게 하려면 어떻게 해야 할까? 더 맛있는 밥이 나와야 한다. 잔반 없는 날에는 학생들이 선호하는 메뉴로 구성된 '특식'이 나온다. 특식 메뉴 중에서도 많은 급식 노동자들이 공통적으로 힘들어하는 것은 스파게티다. 손 때문이다.

"스파게티 면을 큰 솥에 넣고 끓이잖아요. 이걸 바구니로 건져서 무침기에 넣어요. 뜨거운 상태에서 올리브유랑 파슬리를 넣고 손으로 섞어야 돼요. 뜨거운 정도가 상상 그 이상이에요." 왜 조리용 삽 같은 도구를 사용하지 않고 굳이 손으로 그 많은 파스타를 섞는 것일까? "물론 삽으로도 섞을 수는 있는데, 그렇게 하면 안 돼요. 면이 다 잘리거든요." 박기정씨가 말했다. 이런 식의 작업을 여러 번 거친다. 스파게티도 한 종류만 만드는 게 아니기 때문이다. "알레르기 있는 아이들이 있잖아요. 고기 못 먹는 아이, 치즈 못 먹는 아이…… 스파게티 하고 나면 거짓말이 아니라 진짜 손이 익는다니까요."

그래서 스파게티나 볶음밥 같은 특식을 하는 날은 다들 알아서 목장갑을 두세 켤레씩 더 낀다. 뜨거움을 조금이라도 견뎌보기 위한 나름의 방법이다. 고무장갑은 두꺼워서 두 켤레씩 끼기 어렵다. 고무장갑보다 얇은 목장갑은 여러 켤레를 낄 수 있지만, 금세 땀에 젖는다는 단점이 있다. 젖은 손으로 계속 일을 하다 보면 같은 온도도 더 뜨겁게 느껴진다. 도을순씨는 장갑의 무용함에 대해 이렇게 이야기했다. "업체에서 꽉 끼는 장갑이 들어올 때도 있고 조금 낙낙한 장갑이 들어올 때도 있어요. 꽉 끼는 장갑을 착용하고 스파게티를 만들면 손이 다 익어요. 장갑이 보호장비라고 하는데, 솔직히 저희를 보호해줄 수 있는 장비는 아니라고 봐요."

스파게티를 조리했던 어느 날, 그는 뜨거움을 참다못해 손 온도를 직접 재봤다고 한다. "장갑을 빼고 온도계를 한번 잡아봤어요. 얼마까지 올라갔는지 아세요? 80도!"

위생은 지켜도 노동자는 못 지키는 작업복

음식의 안전을 지키는 데 모든 초점이 맞춰진 작업복은 정작 그것을 입는 사람은 보호하지 못할 때가 많다. 박기정씨가 얼마 전 다친 동료의 이야기를 꺼냈다. "얼마 전에 어떤 일이 있었냐면요. 저희 조리실 언니가 아침에 과도를 들고 뭘 하다가 손이 미끄러워서 장화 위로 떨어졌어요. 처음엔 그냥 '어?' 하고 말았는데, 조금 이따가 '나 발이 이상해' 하더라고요. 화장실에 다녀오더니 '나 다리에서 피 나' 그러는 거예요. 장화 앞이 칼날에 찢겨서 발에 피가 난 거였어요. 저희 장화는 하다못해 칼끝으로부터도 발을 보호하지 못하는 거죠."

⬆ 급식 노동자들이 제육덮밥을 하기 위해 돼지고기를 삶은 물을 버리고 있다. 솥이 워낙 크고 무거워 혼자서는 작업하기 어렵다.

⬆ 양념이 골고루 배어들게 하기 위해서는 도구보다는 손을 이용해야 한다.

도을순씨도 팔꿈치에 급식실 청소를 하다 (클리너 때문에)
입은 화상 자국이 있다. "목장갑, 고무장갑, 토시 다 끼고 오븐을
닦는데 여기가 따끔거리는 거예요. 벗고 바로 물로 씻었는데도
이미 피부에 닿아서…… 토시를 하면 물에 젖는 게 조금 덜하긴
한데, 몸을 안전하게 보호해주는 장비는 아닌 것 같아요."
서울특별시교육청 학교보건진흥원의 한 자료에 따르면, 2019년
급식실에서 가장 많이 발생한 상해는 화상(31.1퍼센트)이었고,
상해 부위 중에서는 손(34.4퍼센트)이 가장 많았다.

급식 작업복의 지급 시기와 교체 주기, 소재, 가격은
모두 학교의 재량으로 결정된다. 그러다 보니 지급받는 옷이
각양각색이다. 어느 학교에서 일하느냐에 따라 등산복 재질의
가볍고 발수 기능이 우수한 셔츠를 받을 수도, 물에 젖으면
무거워지고 세탁도 힘든 셔츠를 받을 수도 있다. 과거에는
대부분의 학교에서 단추가 달린 두꺼운 흰색 면직 위생복을
지급했다.

"여름에 일을 시작했는데 너무 더운 거예요. 나중에는 살
겹치는 부분에 땀띠가 났어요. 한 달 반 만에 살이 4킬로그램이나
빠졌어요." 박기정씨는 처음 일을 시작한 때를 이렇게 기억했다.
지금 그는 상대적으로 발수가 잘되는 다홍색 위생복 셔츠를 입고
일한다. 학교 측에 '옷을 바꿔달라'고 계속해서 건의한 결과다.
이렇게 건의가 받아들여지는 것은 그나마 운이 좋은 경우에
속한다.

곽미란씨는 지금 일하는 학교로 전근을 오면서 일할 때 입을

옷을 직접 챙겨왔다. 직전에 일했던 학교에서 1년간 위생복이 지급되지 않아 고생했던 경험 때문이다. 불과 4년 전에 있었던 일이다. "입사를 했는데 제 옷이라는 것 자체가 없었어요. 남이 입었던 옷을 물려받았죠. 받은 옷 칼라를 딱 들춰보니까 무슨 나그네들이 남기고 간 것처럼 이름이 진짜 많이 적혀 있는 거예요. 누구 이름 위에 쫙쫙 줄 그은 다음에 다른 이름이 적혀 있고. 저는 덩치가 있는데 전에 있던 분은 좀 날씬하셨나봐요. 겨드랑이가 꽉 끼더라고요. 그래서 처음 왔을 때 옷 때문에 겨드랑이가 다 빨갛게 쓸렸어요." 당시 일을 시작한 지 얼마 되지 않았던 곽미란씨는 매일 몸에 맞지 않는 옷을 입고 일하면서도 선뜻 바꿔달라는 말을 하지 못했다.

같이 일하는 동료들의 상황도 별반 다르지 않아 보여서, 직장 문화가 원래 이런 것인가 싶었다고 했다. "1년이 지나면 사주겠지 했는데 계절이 바뀌어도 안 사주는 거예요. 그때는 너무 바보였던 것 같아요. 왜 그 말을 못했는지 모르겠어요. '여기 문화는 원래 사달라고 하면 안 되는 건가' 했어요. 생각해보니 다른 언니들도 다 꼬질꼬질한 걸 입고 있었어요."

나중에야 영양사에게 말해 새 작업복을 받았지만, 학교를 옮길 때가 되니 또 같은 일을 겪을까 불안한 마음에 위생복 상의와 하의, 장화를 모두 준비해서 갔다. "그런 문화가 여기도 있을까봐 제 옷을 다 준비해서 왔어요. 전에 입던 바지, 티셔츠, 장화까지 다 들고 왔죠. 혹시라도 옷이 없을까봐요. 옷도 옷이지만 저는 발 사이즈가 260밀리미터예요. 260짜리 갖고

있는 학교들이 또 별로 없어요. 여자치고 발이 크잖아요. 그것도
한 250밀리미터짜리 신고 일을 하다가 어느 순간 이건 안 되겠다
싶더라고요."

학교 안의 외딴 섬

하루 종일 입고 일한 작업복을 세탁하는 것은 각자의 몫이다.
보통은 작업복 세탁을 위한 공간이 따로 없다. 각 학교는
학교급식법에 따라 급식 노동자들을 위해 휴게 공간과 화장실을
반드시 마련해야 한다. 보통 화장실 안에 변기, 샤워기와 함께
세탁기가 놓여 있는 경우가 많다. 샤워를 하면서 땀범벅이 된
위생복과 위생모를 싹싹 빨아서 널어놓고 난 뒤에야 퇴근할 수
있다. 매일 여러 장씩 쓰는 목장갑도 한 번 쓰고 버리는 것이
아니다. 다 해져서 도저히 못 쓰겠다 싶을 때까지 삶고 빨아서
여러 번씩 쓴다. "목장갑 삶아서 다시 써야지 그거 버리면 큰일
나죠. 팔목 부분이 늘어나고 구멍이 나야 버려요." 박기정씨가
말했다.

   건조기는 학교에 따라 있는 곳도 있고 없는 곳도 있다.
박기정씨가 출근하는 학교에는 불과 두 달 전에 건조기가
들어왔다. 건조기를 들여놓을지 다른 가전제품을 들여놓을지
선택할 수 있었는데, 이전 학교에서 건조기를 사용한 경험이
있었던 그가 건조기가 있어야 한다고 동료들에게 강하게

주장했다. "그전까지는 언니들이 샤워하면서 빨래를 해주면 나는 샤워 순서 기다리는 동안 빨래를 널었어요. 그러다 바람 불어서 건조대 넘어지죠? 그럴 땐 진짜 하늘을 '빵꾸' 내고 싶다니까요."

지금의 작업복이 일하는 사람을 충분히 보호해주지 못한다는 사실은 모두가 익히 알고 있다. 급식 노동자들은 위생을 지키기 위해, 시간 맞춰 음식을 내기 위해 매일의 불편과 위험을 감내해왔다. "사실 지금 머리부터 발끝까지 무엇 하나 편한 건 없어요. 우리를 보호할 수 있는 것도요. 그저 위생 때문에 하는 거죠." 도을순씨가 말했다.

음식의 위생을 지키기 위해 이 정도는 '어쩔 수 없는 일'로 받아들여야 하는 걸까. "'어쩔 수 없다'는 생각도 좀 바뀌어야 할 것 같아요. 어쩔 수 없는 일이 아니라, 개선하면 충분히 예방할 수 있거든요." 학교비정규직노조의 이재진 노동안전보건국장은 이렇게 말했다. 그는 최근 급식실에서 일하다 폐암 판정을 받은 수많은 급식 노동자들을 떠올렸다. "최근에 폐암으로 여러 분이 돌아가셨고, 산재 승인도 계속 나고 있어요. 환기 시설, 원래는 그렇게 설치 못한다고 했었지만 지금 다 되고 있어요. 위생을 지키면서도 안전한 작업복 역시 기술적으로 가능하다고 생각합니다."

"'우리가 위험하니까 이런 보호장구 해달라'고 이야기하는 분은 아무도 없어요. 꼭 필요한 것도 진짜 해달라고 사정해야 해주니까요. '예산 없습니다' 하고 안 해주는 경우도 많고요." 박기정씨가 말했다. 급식실에서는 무슨 일이 있든 매일 오전

조리할 때 쓴 방수 앞치마와 고무장갑을
세탁하는 것 역시 모두 급식 노동자들의 몫이다.
특히 앞치마는 전부 손으로 세탁해야 한다.

11시 30분이 되면 음식이 칼같이 완성된다. 매일 때맞춰 따뜻하게 준비되는 밥과 국을 보면서 고무장갑 속에서 빨갛게 익어가는 누군가의 손을 떠올리기란 쉽지 않다. 오랜 시간 급식실의 고군분투는 그렇게 급식실 안에 머물러왔다.

"무엇이 필요한지는 현장에 있는 사람들이 가장 잘 알거든요. 그런데 이런 것에 대한 의견을 수렴할 때 실제 일하는 당사자들한테까지 묻지 않는 경우가 많아요. 의견을 내놓을 수 있는 확실한 창구를 마련하는 게 절실해요." 이재진 국장이 말했다.

기획팀이 만난 세 명의 학교 급식 노동자 중 가장 경력이 오래된 도을순씨는 인터뷰 내내 급식실이 학교 안에 있는 '외딴 섬' 같다는 말을 많이 했다. "학교 인력의 과반수 이상은 공무직들이에요. 다른 공무직들은 선생님들하고 이야기할 수 있는 여건이 되지만, 급식실은 떨어져 있어요. 교장 선생님들이 급식실을 한 번도 안 와본 학교들도 있고요. 교실 배식 하면 교장 선생님도, 행정 실장님도 볼 일이 없죠."

학교비정규직노조에 따르면, 2024년 현재 충남을 제외한 16개 시·도 교육청에는 산업안전보건위원회가 있긴 하지만 설치된 지 얼마 되지 않은 데다 분야별 소위원회 같은 것도 제대로 꾸려져 있지 않다. 학교에서 발생하는 산업안전보건 문제는 내용도, 해결 방법도 다양하다. 산업재해, 인력 등 분야별로 위원회를 꾸린다면 각각의 문제를 좀 더 구체적으로 논의할 수 있을 것이다.

음식만 보호하는 작업복. 입고 일하다 다쳐도 어떻게 해야 할지 몰라 그냥 계속 입을 수밖에 없었던 작업복. 같은 일을 하는데도 전부 다르게 지급되는 작업복. 오랫동안 바뀌지 않아 익숙해졌던 문제들에 대해 급식 노동자들도 이제 조금씩 목소리를 내고 있다. "일하다 다치고 싶은 사람은 없잖아요." 도을순씨가 말했다. "산재를 직접 보기도 하고, 언론에도 나오면서 저희도 자꾸 요구를 하게 되는 거예요. 현장에 있는 사람들도 눈이 트인 거죠."

박기정씨도 말했다. "저희가 조리학과 나와가지고 이 일 하는 것 아니잖아요. 그냥 레시피 주고 '이렇게 하세요' 하면 한단 말이에요. 그게 쉬운 일은 아니거든요. 어려운 일을 최선을 다해서 하는 우리를 색안경 끼고 보지 않았으면 좋겠어요. '그냥 밥만 하면 되지 왜 말이 많아. 너네 다 알고 들어갔잖아' 하는 식의 말은 하지 않으셨으면…… 크게 대우해달라는 건 아니에요. 한 가지를 해도 맛있게 해서 아이들이 잘 먹으면 좋겠다는 마음으로 해요. 저희가 뭘 알겠어요? 요즘에 폐암 이슈도 있잖아요. 현장 안이 이렇게 힘들다는 것, 이런 위험이 있다는 것을 알아주시면 좋겠어요."

위생이 안전을 이기는 현장

'내 몸은 내가 지킨다.' 학교비정규직노조의 김수정

한 급식 노동자가 조리용 삽으로 돼지갈비찜을
뒤집고 있다. 자신의 몸보다 큰 조리 도구들을
다루는 것이 이들에게는 일상이다.

수석부위원장은 급식실에서 일했던 첫 10년간 이런 생각을 했다고 했다. 스스로 지키지 않으면 아무도 지켜주지 않았기 때문이다. 안전을 챙기는 것은 철저히 개인의 몫이었다. 그 당시에는 그것이 별로 이상하게 느껴지지 않았다. 그뿐만 아니라 급식실에서 일하는 많은 노동자들이 비슷한 생각을 했을 것이다.

작업복 대신 위생복. 안전화 대신 위생 장화. 안전모 대신 위생모. 급식실에서는 언제나 '위생'이 앞섰다. 아이들이 먹을 음식을 조리하는 공간에서 위생이 1순위인 것은 당연한 일이었다. 조리하는 사람들도 그렇게 생각했다.

학교 급식이 시작된 이래로 급식에 관한 주요 논의들은 언제나 깨끗하고 건강한 밥을 제공하기 위한 방안에 초점을 맞춰왔다. 그러는 동안 밥 짓는 사람들은 계속해서 다치거나 아팠다. 대부분이 근골격계 질환을 앓았다. 그뿐만 아니라 크고 작은 화상, 미끄러짐, 베임 사고도 끊임없이 발생했다. 몸에 아무 이상이 없는 줄 알았다가 갑작스레 암 진단을 받은 이들도 있다. 그래도 밥은 계속 지어졌다. 지켜야 할 것은 단지 밥만이 아니다. 서울시교육청 학교보건진흥원이 만든 '학교 급식실 산업안전보건 매뉴얼'과 '급식실 안전보호구 사용 가이드'에는 밥 짓는 사람들을 지키기 위한 규정이 마련되어 있다.

산업안전보건 매뉴얼은 급식실이 왜 위험한지, 안전하게 일하려면 어떻게 해야 하는지 안내하고 있다. 학교 급식 노동자들은 2020년부터 산업안전보건법의 전면적인 적용을 받고 있다. 이 법은 '산업재해를 예방하고 쾌적한 작업 환경을

조성함으로써 근로자의 안전과 보건을 유지 및 증진'하는 데
목적을 둔다. 너무 당연한 말처럼 보이지만, 급식 노동자들이
이런 권리를 법적으로 보장받게 된 것은 4년이 채 되지 않았다.
그조차도 노동조합이 투쟁을 통해 겨우 얻어낸 것이다.
안전보호구 사용 가이드는 좀 더 구체적이다. 산업안전보건
매뉴얼을 토대로 급식실에서 쓰는 장비의 선정과 착용 방법,
주의사항 등을 더 자세히 안내하고 있다. 지침은 이미 다
마련되어 있다. 문제는 지침과 실제 현장과의 괴리다.

급식 노동자들이 일할 때 입는 앞치마와 고무장갑, 토시,
장화는 단순한 작업복이 아니라 보호구다. 그런데 현실에서는
보호구란 보호구는 다 착용하고도 다친 사례들이 너무나 많다.
학교비정규직노조 서울지부의 유혜진 급식분과장은 2018년
솥단지 위에 올라가 무릎을 꿇고 후드를 닦다 화상을 입었다.
2015년부터 6년간 학교 급식실에서 일한 그는 현재 노조
전임으로 나와 서울 지역 급식실의 노동 환경을 살피고 있다.

모호한 안전 가이드

유혜진 분과장은 급식 조리 일을 하다 화상을 입었던 경험을
이야기했다. "저희가 독한 세제를 많이 써요. '오븐 클리너'라고
하는 건데 피부에 닿으면 피부가 그대로 타요. 분명히 방수
앞치마로 무릎을 감싸고 후드를 닦고 있었거든요. 그런데 오븐

급식실 벽 곳곳에는 여러 사고 위험을 알리는 이런
경고문이 붙어 있다. 물과 불을 동시에 쓰는 급식
조리실에서는 언제나 크고 작은 부상 위험이 있다.
무거운 것을 나를 일이 많아 근골격계 질환에
시달리는 이들도 많다.

클리너가 앞치마 갈라진 틈을 그대로 통과하고, 바지 속으로까지 스며든 거예요. 따끔따끔해서 보니 피부가 타고 있었어요. 1년 넘게 치료했어요." 그의 무릎을 보호해주지 못한 방수 앞치마는 역설적이게도 보호구 중에서도 물이나 화학물질을 사용하는 작업을 할 때 착용하는 보호복으로 분류된다.

오븐 요리가 늘어나면서부터는 오븐 클리너를 쓸 일도 많아졌다. 교육부도 조리흄(조리 과정에서 발생한 증기가 냉각되면서 발생하는 초미세 입자)을 방지하기 위해 튀김, 구이 등은 오븐 요리로 대체할 것을 권장한다. '치즈가 들어간 오븐 요리'를 한 날은 특히 세척이 힘들다. "아이들이 좋아하는 메뉴에 치즈가 많이 들어가요. 치즈 붙은 건 그냥은 안 벗겨지고 솥단지에 오븐 판을 넣고 세제랑 같이 삶아야 해요. 삶아서 닦아야 그나마 잘 닦이거든요."

뜨거운 상태에서 독한 오븐 클리너로 세척을 하면 김이 난다. 김을 바로 쐬지 않기 위해선 보안경을 써야 한다. 마스크를 착용한 상태에서 보안경까지 끼면 습기가 차 앞이 보이지 않을 때가 많다. 개인별 보안경을 지급하는 학교도 있지만 보안경 하나를 여럿이 돌려쓰는 학교도 있다. 후처리 작업 때 다른 사람들이 보안경을 쓰고 있으면 기다리거나 쓰지 않은 채로 작업할 때도 있다.

안전보호구 사용 가이드는 '안전 장화 사용시 주의사항' 항목에서 "가능한 한 바닥에 물을 흘리지 않고, 흘린 물기는 그 즉시 제거하여 조리실 바닥을 건조한 상태로 유지"하라고 안내한다. 김수정 부위원장은 이것이 급식실에서 일하는 사람들이 보기에는 "있을 수 없는 환경"이라고 지적했다. 급식실 바닥에 물이 없을 수는 없다는 것이다. "교육청에서 1년에 두 번 위생점검을 나오면 그걸 굉장히 중요하게 봐요. 전처리 작업 하다가 재료가 떨어져도 (물을 뿌리지 말고) 그냥 주워서 쓰레기통에 버리라는 거예요. 그런데 위생 측면에서라도 저희가 물을 안 쓸 수는 없거든요. 위생점검날은 되도록 물을 안 쓰려고 해요."

튀김 요리를 하는 날은 바닥이 기름으로 금세 미끄러워진다. 하지만 일을 하다 말고 세제를 풀어 바닥을 닦을 인력도, 그럴 시간도 없다. 급식 노동자들은 급한 대로 바닥에 굵은 소금을 뿌려가며 일을 한다. 소금이 기름을 흡수해 조금 덜 미끄럽기 때문이다. 김수정 부위원장은 "현장을 알면 이런 매뉴얼을 만들었을까 하는 생각이 든다"고 했다. "매뉴얼을 만든 사람들이 급식에 대해 너무 모르는 상태에서 이론적인 내용의 매뉴얼을 만들었다고 생각해요."

가이드에는 '20원 기법'이라는 다소 생소한 내용도 있다. 미끄럼 방지 안전 장화의 교체 주기에 대한 설명에서 등장하는 용어로, 장화 밑창의 닳은 부분 면적이 '10원짜리 동전 2개 크기 이상'이 되면 미끄럼 방지 기능이 상실되기 때문에 장화를 교체하라는 권고다. 한국산업안전보건공단의 과거 자료에 있던 내용이라고 한다.

신발은 같은 기간을 신었어도 신는 사람이 누구인지, 신발이 닿는 바닥 상태가 어떤지에 따라 교체 주기가 달라진다.

한국소재융합연구원의 이수경 시험인증센터 센터장은 "고무의 배합 형태에 따라서 미끄럼 방지 기능의 마모율이 달라지기 때문에 '어느 정도가 닳으면 교체해야 한다'고 일반화하기 어렵다"며 "타이어의 경우 '앞면의 날이 없어지는 정도'로 해서 마모 여부를 확인할 텐데 신발은 그런 게 정해져 있지 않다"고 했다.

산업안전보건공단 관계자는 실제 미끄럼 방지 기능 상실 여부를 판별할 때는 넓이보다는 밑창의 골이 어느 정도 깊이로 파였는지를 정밀하게 따져보지만, 현장에서는 그렇게 하기 어렵기 때문에 10원짜리 동전 2개를 예로 들어 쉬운 방법을 안내한 것이라고 설명했다.

현실에서는 급식실 물품 구매를 담당하는 영양사나 영양교사에 따라 장화를 몇 번 지급받는지가 달라진다. 유혜진 분과장은 이렇게 말했다. "장화 소독고에 장화를 거꾸로 뒤집어놓거든요. 그럼 관심 있는 영양사 선생님들은 장화 바닥을 봐요. 그렇게 보고 바닥이 닳았으면 바꿔주기도 하고요. 아니면 일을 하다 누군가 넘어질 수 있어요. 신발을 보면 꼭 마모되어 있거든요? 그렇게 바꾸기도 해요." 결국 적절한 시기에 장화를 교체할 수 있는지 여부는 순전히 '좋은 영양사'를 만나는 우연에 달려 있다.

안전과 편의가 충돌할 때

산업안전보건법은 노동자를 보호할 뿐 아니라 그들에게 안전 규정을 지킬 의무를 부여하기도 한다. 문제는 안전과 편의가 충돌할 때다. 어떤 안전장비는 착용자를 불편하게 만들 수도 있다. 보통은 안전을 위해 잠깐의 불편을 감내한다. 하지만 하루 종일 착용해야 하는 장비가 불편하다면 어떨까. 이를테면 걸을 때마다 걸리적거린다면 어떨까. 심지어 어떤 보호구는 불편함을 넘어 안전에 위협이 되기도 한다. 이런 상황에서라면 안전과 편의 중 무엇을 더 우선시해야 하는가? 혹은 안전과 편의 사이에 적절한 중간선을 만들 수 있는가? 있다면 누가, 어떻게 정해야 할까?

안전보호구 사용 가이드는 '방수 앞치마 제품 선정시 고려사항'에서 "물을 많이 쓰는 환경에서도 외부 오염 물질을 차단할 수 있도록 몸 전체를 감싸고 안전 장화를 발목까지 덮는 사이즈(과하게 짧거나 길지 않도록 함)로 선정한다"고 명시하고 있다. 앞치마가 발목을 가릴 정도로 길어야 장화 안으로 뜨거운 물이 들어가는 것을 막을 수 있으니, 긴 것을 선택하라고 안내하는 것이다.

뜨거운 물이나 기름이 튀었을 때 장화 속으로 흘러들어가지 않게 하려면 장화 입구를 덮을 수 있을 만큼 긴 앞치마를 착용하는 것이 적절해 보인다. 실제로 대부분의 급식 노동자들은 긴 앞치마를 입는다. 하지만 '너무 긴' 앞치마 때문에 오히려 안전에 위협을 받는 경우도 많다. 급식 조리사 곽미란씨는 긴 앞치마의 불편함에 대해 이야기했다. "장화가 고무 재질이잖아요. 그런데 앞치마도 비슷한 재질이니까 물에 젖으면 둘이 붙어요. 걸을 때 넘어질 것 같아 습관적으로 앞치마를 들고 다니죠." 긴 앞치마 때문에 걷다가 발이 꼬여 넘어지는 경우도 있다.

앞치마 길이가 짧으면 장화 안으로 물이 들어오고, 길이가 길면 걷기가 불편하다. 이것은 어쩔 수 없이 감내해야 하는 불편함인 걸까. 곽미란씨는 "장화와 앞치마가 닿는 부분만 고무가 아닌 다른 재질이면 좋겠다"고 말했다. "서로 닿는 부분만 재질이 다르면 붙지 않아서 걷는 데 편하지 않을까 생각했어요." 매일같이 그 불편함을 느끼고 고민해본 사람만이 떠올릴 수 있는 생각이다. 기능과 작업자의 안전을 동시에 보장하는 작업복은 입는 사람의 의견을 반영해야 만들어질 수 있다. 현장의 고충은 현장에서 일하는 사람들이 가장 잘 알기 마련이다.

현재 급식 노동자들은 '현장을 직접 보고 대책을 마련하라'고 꾸준히 요구하고 있다. 지금의 인력으로는 한 끼 식사를 준비하기 위해 단시간에 얼마나 압축적인 노동을 해야 하는지, 그 과정에서 현재 지급되고 있는 작업복과 장비가 제 기능을 하고 있는지 직접 한번 와서 보면 좋겠다고 목소리를 내고 있다.

"교육청하고 협의를 할 때 '제발 현장에 한 번이라도 나와봐달라'고 얘기해요." 유혜진 분과장이 말했다. "아침부터 저녁까지 전 과정을 봐야만 저 마스크를 쓰고 일할 수 있는지,

이 장갑만 써도 되는지 같은 걸 알 수 있어요. 그런 게 없으니 그때그때 임시 대책만 나오는 거죠. 근본적인 대책이 없어요. 정책적으로 나라에서 뽑아놓은 사람들이잖아요. 교육부가 총괄해서 현장의 이야기를 듣는 창구가 필요하다고 생각해요.”

도처에 널린 열악한 급식 현장

‘급식 노동자’라고 하면 보통 초·중·고등학교의 급식실에서 일하는 이들이 가장 먼저 떠오른다. 하지만 학교 외에도 단체 급식을 하는 곳은 많다. 기업, 병원, 요양원 등 대량의 식사 제공이 필요한 곳에는 모두 급식 조리실과 그 안에서 일하는 사람들이 있다.

이창수씨는 1998년 8월 서울대학교 식당 조리실에 조리사로 입사했다. 꼬박 20년을 조리실 현장에서 일했다. “제가 조리 전공을 했어요. 호텔에서 좀 일하다가 (대중을 상대로 하는) 일반 식당에서도 일했죠. 더 많은 사람들을 위해 음식을 해보고 싶어 들어왔다가 발목 잡혀서 여기까지 왔네요?” 그가 웃으며 말했다.

그는 일 자체는 이전에 일했던 호텔이나 식당이 더 수월했던 것 같다고 했다. “‘어느 날 내가 왜 부자들에게 제공되는 이런 음식을 만들어야 하지?’ 하는 생각이 들었어요. 그러다 누가 서울대를 소개해줬어요. 당시 학교에서 파업이 벌어지면서 월급이 좀 올랐던 때였어요. 호텔에선 그때 40만 원 받았는데,

여기선 80만 원 준다는 거예요. 그래서 왔는데…… 와보니 너무 열악하더라고요." 그가 처음 일을 시작했던 당시의 급식 조리실 내부 온도는 여름이면 30도를 넘어갔다. 에어컨은 당연히 없었고, 선풍기 하나를 놓기에도 공간이 마땅치 않았다. 그는 늘 땀을 뻘뻘 흘리며 일했다. "서울대는 시설 잘돼 있지?"라고 당연한 듯 묻는 주변 사람들에게 뭐라 할 말이 없어 "그렇지 뭐"라고 답한 적이 많았다.

대학교에서 일하는 급식 노동자들의 작업복도 초·중·고교와 거의 똑같다. 위생복, 위생모, 방수 앞치마, 장화 등으로 온몸을 꽁꽁 감싼다. 같은 음식을 만드는 일을 하는데, 호텔이나 식당에서 일하는 이들과 달리 왜 학교 급식 노동자만 '완전 무장'한 채 일하는 걸까. "일반 식당이나 호텔은 음식이 1인분씩 나가잖아요. 그렇게까지 대량으로 준비를 할 필요가 없죠. 스테이크도 한두 장 해놓고서 손님 오는 대로 내보내잖아요. 튀김을 한꺼번에 잔뜩 하지도 않고요."

서너 시간 만에 수백 인분, 많게는 1000인분이 넘는 음식을 준비해야 하는 단체 급식 조리실에서는 모든 것이 더 크고 더 뜨겁다. 때마다 조금씩 다르지만, 대학교에서는 학기 중에는 (중식을 기준으로) 1500인분 이상의 음식을 준비해야 한다.

방수 안 되는 방수 앞치마, 미끄러지는 장화

이창수씨는 2018년부터 노조 전임으로 일하고 있다. 조리 현장의 열악함을 알리고, 그곳에서 일하는 이들의 목소리를 전하기 위해 조리실 밖으로 나간 것이다. 그가 속해 있는 전국대학노조 서울대지부는 2019년 파업을 했다. 노동 환경 개선과 임금 인상을 요구하며 벌였던 파업은 많은 언론에 보도됐다. 파업은 기본급을 3퍼센트 인상하고 그동안 최저임금에 미치지 못했던 기본급 1호봉을 2019년 최저임금(시간당 8350원) 이상으로 높이는 데 합의한 뒤 13일 만에 종료됐다. 이후 2년 뒤인 2021년에도 한 차례 짧은 파업이 있었지만, 현재 조리실은 여전히 인력 부족에 시달리고 있다.

한국노동안전보건연구소는 2021년 서울대 단체 급식 조리실 노동자들의 노동 환경 및 건강영향 실태에 관한 조사연구 보고서를 냈다. 당시 면접조사에 참여한 한 급식 노동자는 이렇게 말했다. "설거지 인원이 따로 없잖아요. 배식 끝나고 나와서 그거를 설거지해요. 배식시간에는 못하게 하거든요. 왜냐하면 옆에서 조리하는데 아무래도 설거지하면 비눗물 이런 것도 (튀니까). 그러니까 벌써 질리죠. 말하자면, 배식이 실컷 바빠가지고 땀을 뻘뻘 흘리면서 막 하고 나왔는데 설거지가 정말로 어마어마하게 쌓여 있으면 그때 사람들이 제일 화가 나는 거예요. 서로가 싸우게 되는 거죠. 그 시간대에 제일 많이 싸우더라고요, 직원들끼리."

급식 노동자의 장화 위로 쌀 씻은 물이
쏟아지고 있다. 쌀 씻기, 재료 세척 등의 작업이
이루어지는 전처리실에서는 특히 많은 물이
쓰인다.

어렵게 사람을 구해도 얼마 버티지 못하고 그만두는 경우가
많다. 이창수씨는 이렇게 말했다. "하루를 버티지 못하는 분들도
있고, 한 달을 버티지 못하는 분들도 있어요. 대다수가 그래요.
그걸 넘어가면 조금 적응을 하는데, 석 달을 못 버티는 경우가 참
많아요."

급식 노동자 추소영씨는 많은 지원자들이 하루도 버티지
못하고 그만둔 이 직장에서 20년째 일하고 있다. "동네 지인분이
여기 다녀서, 소개받아 들어오게 됐어요. 지금은 (일한 기간이)

제가 여자 중에는 열 손가락 안에 들죠." 그는 작업복 중 가장 불편한 것으로 '방수 안 되는 방수 앞치마'를 꼽았다. "저희는 물앞치마라고 해요. 이게 뜨거운 물 같은 거로부터 저희를 보호하기 위해 입는 거잖아요. 화상 방지를 위해 입는 건데 문제는 물이 그냥 다 흡수가 돼버려요. 옷이 다 젖어요." 방수 기능이 좋은 앞치마를 받은 적은 그의 기억에 한 번도 없다. "이게 제 입사 이래 바뀐 적이 한 번도 없어요." 방수 앞치마는 그의 발등을 거의 다 덮을 정도로 길었다. "걷는 데 불편하죠. 장화에 앞치마가 다 달라붙어버려요. 그래서 치마를 들고 걷거나 하는데, 보폭이 좁아져. 이렇게 '종종종종' 걸을 수밖에 없다니까요."

그가 신는 안전 장화는 장화 밑바닥에 동그란 미끄럼 방지 아웃솔이 다닥다닥 붙어 있다. "미끄럼 방지 효과는 없어요. 저희 하수도 트렌치 밟고 미끄러지는 여사님들이 한두 명이 아니었어요. 동그란 게 붙어 있어도 소용이 없더라고요. 미끄럼 방지라고는 하는데, 그게 있어도 소용이 없었어요."

급식 조리실에서 부상을 당하거나 병을 얻는 일은 흔하다. 한국노동안전보건연구소의 보고서 면접조사에 참여한 한 인터뷰이는 이렇게 말했다. "저도 넘어져봤는데, 그냥 어쩔 수가 없어요. 이게 조리를 하다 보면 기름기 있는 물이 바닥에 쫙 흘러가잖아요. 그런데 그게 어디에 있는지 모르니까 걸어가다가 이렇게 많이 뒤로 넘어지고 그러죠. 크게 다친 사람은 아직 저는 못 봤는데, 아무튼 넘어지는 거는 많이 봤어요."

장화는 보통 한 사람당 1년에 두 차례 지급받고, 겨울철에는 안에 기모가 들어간 방한 장화를 추가로 받는다. 추소영씨는 이렇게 말했다. "방한화는 잘 착용 안 해요. 이게 안에 기모가 들어가 있어서 다른 신발보다 내부가 좀 좁잖아요. 그런데 우리는 하루 종일 신발을 신어야 해서 딱 맞으면 너무 불편해요. 그래서 한 치수나 두 치수 더 크게 시켜야 하거든요. 언니들은 걷는 것도 되게 불편하다 하더라고요. 그래서 안 신는 것 같아요."

추소영씨는 지금 신는 장화의 기능에 딱히 만족하지 않는다면서도 별 문제를 느끼지는 않는다고 했다. "장화는 지금 그렇게 불편한 건 모르겠어요. 저희가 좋은 것을 못 봐서 그런 건지, 아니면 이게 너무 익숙한 건지…… 저희는 그냥 지금 신고 있는 이게 편해요." 그는 지금 신는 장화가 편하다고 했지만, 지금껏 그가 신어본 장화는 딱 한 가지였다.

작업복에 대한 문제제기는 종종 있었습니다. 정규직과 계약직 노동자들에게 다른 색깔의 사원증 목걸이를 지급했다는 이야기, 여성 직원에게 치마 유니폼을 강요했다는 이야기, 건설 현장에서 일용직 노동자나 외국인 노동자에게는 제대로 된 보호구를 지급하지 않는다는 이야기. 모두 어디선가 한 번쯤 들어봤던 이야기들입니다.

그런데도 많은 노동자들은 작업복에 관한 질문을 받으면 선뜻 답하지 못했습니다. 임금, 휴게시간 등 다른 노동문제에 대해서는 적극적으로 이야기하다가도 "그래서 일할 때는 뭐 입으세요?"라고 물으면 모두 잠시 할 말을 잃었습니다. 별 새삼스러운 질문을 다 보겠다는 듯한 반응을 볼 때면, 역시 다른 시급하고 중요한 문제들이 많을 텐데 너무 한가한 소리를 하고 있는 것인가 하는 걱정이 들었습니다. 하지만 그럴 때마다 급식 노동자 한 분이 웃으며 했던 말이 떠올랐습니다. "어머, 저도 말하다 보니 알았어요. 우리 이렇게 입는구나?" 새삼스러운 질문 때문에 자신이 무슨 옷을 입고 일하는지 알게 되었다는 말은 이

취재를 계속 이어나갈 수 있는 힘이 됐습니다.

책에 등장하는 인터뷰이들은 모두 각기 다른 곳에서 일하는 사람들이었습니다. 지하에 있는 쓰레기 소각장, 하수처리장, 자원순환시설(재활용 선별장), 아파트 건설 현장, 산불 현장, 학교를 비롯한 급식 조리실, 호텔 안내데스크, 은행, 프랜차이즈 음식점. 하지만 어떤 현장이든 '좋은 작업복'을 입고 일하지 않는다는 점은 같았습니다.

입는 사람의 목소리가 반영되지 않는 작업복. 이런 작업복은 가장 먼저 일하는 사람들의 안전을 위협했습니다. 불티가 튀는 현장에서 일하는데 화학섬유로 된 옷을 지급받은 이들, 사이즈에 맞지 않는 보호구를 지급받은 이들은 사고가 나도 자신을 충분히 지킬 수 없었습니다. 산속에서 불 끄는 일을 하는 이들은 싸구려 신발을 지급받아 걷다가 밑창이 빠졌고, 때로 발톱이 빠지기도 했습니다. 학교 급식 노동자들은 자신의 안전보다 음식의 위생을 지키는 데 더 초점이 맞춰진 옷을 입었습니다. 일터는 물리적으로뿐만 아니라 심리적으로도 안전해야 하는 공간입니다. 일을 할 때, 몸매가 드러나는 치마와 굽이 있는 구두가 과연 필요할까요? 업무 내용과 상관없이 '차별과 통제'의 목적을 가진 옷을 입고 일하는 사람들 역시 안전하게 일하고 있다고 보기 어려웠습니다.

책에 미처 담지 못한 이야기들도 많습니다. 2차 하청 업체 소속으로 석탄발전소에서 일하는 한 7년 차 노동자는 서로 다른 회사 이름이 적힌 작업복 일곱 벌을 가지고 있다고 했습니다.

사실상 같은 회사인데, 1년마다 쪼개기 계약을 하면서 회사 이름만 바뀐 것이죠. 그가 일하는 석탄발전소의 여름철 실내 온도는 40도 안팎으로 매우 높습니다. 겨울에는 바닷가에 붙어 있는 발전소 안으로 차가운 바닷바람이 그대로 들어옵니다. 여름엔 덥고, 겨울엔 추운 곳에서 일하지만 회사가 지급한 작업복은 일반 기능성 티셔츠에 바지뿐이었습니다.

'작업복'이라면 '작업'을 할 때 도움이 되어야 할 것 같은데, 회사가 지급한 옷에서 그런 효용을 느껴본 적이 없다는 그는 작업복이라는 말 대신 웃으며 '그냥 옷'이라고 했습니다. 회사에 요구를 안 해본 것은 아닙니다. 같은 공간에서 일하는 1차 하청 업체 동료들만 해도 2차 하청 업체보다는 사정이 나았습니다. 그들에게 어떤 옷을 입고 일하는지 물어보고, 인터넷에서 찾아본 뒤 회사에 요구도 해봤지만 '비싸다'며 거절당했습니다. 그 뒤 회사가 택배로 기존에 입던 것과 큰 차이가 없는 옷을 보내오면 그냥 그걸 입고 일했죠.

가스 점검원으로 10여 년을 일한 경험이 있는 어떤 노동자는 겨울이면 회사가 지급한 패딩을 입어도 항상 추웠다고 했습니다. '요새 기능성 패딩이 그렇게 잘 나온다는데, 가볍고 따뜻한 걸로 좀 해달라'고 요구를 해도 받게 되는 것은 언제나 무겁고 별로 따뜻하지 않은 옷이었습니다. 오죽하면 점검을 돌던 한겨울 어느 날에는 한 고객으로부터 '옷 좀 따뜻하게 입고 다니시라'는 이야기를 듣기도 했습니다. 가스 점검은 야외에서 하는 노동입니다. 찌는 듯한 더위의 여름에도 회사에서 지급한 조끼를 입고 일하는데, 너무 더워서 입지 않는 경우도 많았습니다.
가스 점검원에게 얇고 시원한 조끼가 필요한 이유는 주머니
때문입니다. 이들은 생각보다 많은 물건을 들고 돌아다니며 일을
합니다. PDA 단말기, 가스 검지기, 망원경, 휴대폰 같은 자잘한
것들을 한 번에 손에 쥘 수 없어 보통 작은 가방을 차고 다닙니다.
그는 일할 때 늘 '아, 조끼 주머니 깊이가 조금만 더 깊었으면
좋았겠다'는 생각을 했습니다. 회사에서 준 조끼는 주머니 깊이가
얕아 물건이 자꾸 밖으로 빠져나왔거든요. 회사가 의견을 묻지
않은 건 아닙니다. 회사는 때마다 '뭐가 필요하냐'고 물었습니다.
하지만 물어볼 때마다 답을 해줘도, 결과는 별로 달라지지
않았습니다. 어찌된 일인지 늘 비슷한 작업복을 받았습니다.

취재를 하면 할수록, '왜 이런 일들이 계속됐지?'라는
의문이 생겼습니다. 몸이 불편한 노인들을 돌보는 요양보호사는
어떨까요. 요양보호는 그 강도에 비해 티가 잘 나지 않는
육체노동입니다. 몸 움직임이 자유롭지 않은 노인들을 일으키고
안아서 대변과 소변을 받고, 목욕까지 시킵니다. 앉았다
일어났다, 굽혔다 폈다 하루 종일 온몸을 씁니다. 이들에겐
신축성이 있는 스판 소재의 옷, 땀이 나도 쉽게 빨아 말려 입을 수
있는 옷이 필요합니다.

하지만 요양보호사들의 피복비를 지원해주는 요양원이
얼마나 될까요. 피복비가 나오더라도 요양보호사들이 원하는
기능성 옷을 지급하는 곳은 많지 않았습니다. 요양보호사로 일한
경험이 있는 한 노동자는 "옷은 형식적으로 한 번 주고, 손님

올 때 입게 한다"고 했습니다. 평소에는 입지 않아도 특별히
제재하지 않다가, 중요한 행사가 있거나 외부 인사가 방문하는
날이면 '보여주기식'으로 입는다는 의미입니다. 대부분은
기능성 상의와 하의를 스스로 마련해서 입고 다닌다면서요.
보통 시장에서 가볍고 편한 '일바지'를 사서 입는다고 했습니다.
이렇게 직접 마련한 작업복을 세탁하는 일 또한 당연히
각자의 몫입니다. 그는 "역동적으로 움직이며 노인들과 실제
살을 맞대며 일하는 사람에게 맞는 의상이 있으면 좋겠다"고
말했습니다.

처음 취재를 시작할 땐 인터뷰를 마칠 때쯤이면 '좋은
작업복'에 대한 상이 어렴풋하게나마 그려질 것이라고
기대했습니다. 하지만 이야기가 하나 둘 쌓여갈 때마다 작업복의
이미지는 하나로 수렴되지 않고 오히려 더 잘게 쪼개졌습니다.
'좋은 작업복이란 무엇일까?'라는 단순한 질문은 여러 인터뷰를
진행하며 점점 복잡한 질문들로 바뀌어갔습니다.

같은 일을 하더라도 사람마다 불편함을 느끼는 지점은 모두
다릅니다. 그렇다면 모두가 만족할 만한 작업복을 만들어내는
것은 어떻게 가능할까요. 같은 공간에서 일하지만 소속이
다르다는 이유로 다른 작업복을 지급받게 되는 문제는 어떻게
해결해야 할까요. 수지타산이 맞지 않아 다양한 사이즈의
작업복이 생산되지 않는 문제는 어떻게 바꿀 수 있을까요.
착용하면 몸을 보호해주는 기능은 올라가지만 활동성이 극히
떨어져 오히려 다른 위험을 초래하게 되는 경우에는 무엇을

우선해야 할까요. 또한 그 판단 주체는 누구여야 할까요. 취재를 진행하며 어떤 질문들에 대해서는 작은 해답의 실마리라도 얻을 수 있었지만, 어떤 부분들은 기획을 마친 지금까지도 여전히 큰 물음표로 남아 있습니다.

인터뷰를 통해 반복적으로 확인한 불변의 진리도 있습니다. 어떤 일을 하든, 좋은 작업복에 가까운 옷을 입기 위해서는 현장에서 일하는 사람들의 목소리가 적극적으로 반영돼야 한다는 것입니다. 작업복의 변화는 결국 그 사회가 변하는 속도에 맞춰질 수밖에 없다는 생각도 들었습니다. 보이지 않는 곳에서 일하는 사람들의 노동에 관심을 두지 않는 사회에서 이들이 안전한 작업복을 입게 될 가능성은 낮을 테니까요. 마찬가지로 여성은 어떤 일을 하는지보다 겉모습이 중요하다고 믿는 사회에서는 여성 노동자가 업무 친화적인 작업복을 입기 어려울 것입니다.

《당신의 작업복 이야기》에는 여러 종류의 작업복이 나옵니다. 이 중에는 우리 주변에서 쉽게 접할 수 있는 옷도 있지만, 평생 한 번도 보기 어려울 것 같은 옷도 있습니다. 우리는 나와 전혀 다른 옷을 입고 일하는 사람들의 상황에 얼마나 공감할 수 있는 사회에서 살고 있을까요?

책을 쓰는 내내 궁금했습니다. 여러분들이 생각하는 좋은 작업복은 무엇인가요. 좋은 작업복을 입기 위해선 무엇이 필요할까요. 그리고 이 책을 읽은 당신은, 무슨 옷을 입고 일하시나요?

부록.
나의
작업복

하수처리
노동자

① 방진 마스크

제품 카테고리: 3M 안면부 여과식 방진 마스크 특급
9332K+(일회용)
가격: 40,970원(10개입)
용도 및 기능: 일반 작업 시 착용
취득 방법 및 시점: 회사 지급
이야기: 악취 때문에 거의 하루 종일 쓰지만 외부 오염
공기를 걸러주지 못함.

② 가슴장화

제품 카테고리: 가슴장화 SM-250
가격: 18,900원
용도 및 기능: 수조 청소 등 작업 시 착용
취득 방법 및 시점: 회사 지급
규격: 250~285mm (발 사이즈 기준)
소재: PVC 100%
이야기: 입고 물에 들어가면 쫙 달라붙어서 소름이 끼침.
방수용으로 만들어졌지만 트인 상체 쪽으로 물이 들어와서
내부가 땀과 물로 가득 참.

③ 코팅 장갑

제품 카테고리: 완전코팅 장갑
가격: 450원
용도 및 기능: 일반 작업 시 착용
취득 방법 및 시점: 회사 지급
소재: 면 75%, 폴리에스터 25%, 천연 라텍스
이야기: 코팅되어 있어도 손목 부분 등으로 물이 들어와서
손에 냄새가 남음.

④ 안전화

제품 카테고리: 안전화 K2-83
가격: 72,600원
용도 및 기능: 일반 작업시 착용
취득 방법 및 시점: 회사 지급(1년에 한 켤레)
규격: 230~300mm
소재: 천연 가죽, PU코팅 가죽
이야기: 원래 신던 안전화는 너무 딱딱하고 발이 아파서
힘들었음. 다른 작업화를 달라고 요청했으나 사측에서
가격이 비싸다며 1년에 35,000원짜리 두 켤레 지급하던
것을 7~8만 원짜리 한 켤레 지급하는 것으로 바꿈.

소각처리
노동자

제품 카테고리: 작업복 상의
용도 및 기능: 작업시 착용
취득 방법 및 시점: 이전 회사 제공
소재: 두꺼운 면
이야기: 예전 회사에서 지급한 작업복이지만 현 회사에서
지급한 폴리에스테르 소재의 작업복보다 안전해서 버리지
않고 8년째 입고 있음. 면 소재의 작업복은 소각 작업 중
불씨가 튀어도 섬유가 피부에 달라붙지 않아 2차 화상의
위험이 적음.

안전 장갑

제품 카테고리: 안전 장갑 3M 슈퍼그립 200
가격: 19,960원(10켤레)
용도 및 기능: 작업시 착용
취득 방법 및 시점: 인터넷에서 직접 구매
규격: S(21×10cm), M(22×10cm), L(23×12cm)
소재: 나일론 280데니어(내피), 편직 15게이지, 코팅 블랙
N·B·R 코팅
이야기: 매일 쓰는 기본 장갑. 회사에서 지급하는 기본
장갑은 목장갑과 코팅 장갑이지만, 이 장갑이 손에 더 잘
맞고 일에 도움이 돼서 사비로 구입해서 씀.

충격 방지 장갑

제품 카테고리: 충격 방지 장갑 핸드맥스 엑스팩트
가격: 10,680원
용도 및 기능: 정비 작업시 착용
취득 방법 및 시점: 인터넷에서 직접 구매
규격: M, L, XL
소재: 고무 내피-HPPE, 외피-TPR 패드, 니트릴 폼 코팅,
13게이지 편직, EN388 컷 레벨4
이야기: 기계 정비시 반복적으로 손에 부상을 입어 다치지
않기 위해 구매함.

방수 장갑

제품 카테고리: 어벤툴즈 GMG
가격: 28,000원(10켤레)
용도 및 기능: 물이 쓰이는 작업을 할 때 착용
취득 방법 및 시점: 인터넷에서 직접 구매
규격: M(손목 길이 8.2 × 손목 둘레 8cm), L(8.4×8.2cm)
소재: 폴리에스터, 라텍스
이야기: 소각장에는 불 말고 물도 많음. 재를 식힐 때,
화학약품 처리를 할 때 대량의 물이 쓰임. 물 관련 작업을 할
때는 손이 젖지 않는 방수 장갑이 필요함.

페기물연료
노동자

① 작업복 상의

제품 카테고리: 작업복 상의
용도 및 기능: 작업시 착용
취득 방법 및 시점: 회사 지급
소재: 폴리에스테르 90%, 폴리우레탄 10%
이야기: 기능성 소재의 작업복. 같은 작업복을 입고
소각장에서 일하는 동료는 불씨가 튀었을 때 화상
위험을 걱정하지만, 장갑이 더 문제이기 때문에 상의에는
상대적으로 만족하는 편임.

② 작업복 하의

제품 카테고리: 작업복 하의
용도 및 기능: 작업시 착용
취득 방법 및 시점: 회사 제공
소재: 폴리에스테르 92%, 폴리우레탄 8%

③ 위생 비닐장갑

제품 카테고리: 비닐장갑
용도 및 기능: 작업시 착용
취득 방법 및 시점: 사비로 직접 구입
소재: 비닐
이야기: 목장갑과 코팅 장갑 안에 끼는 위생 비닐장갑.
회사가 지급한 장갑만으로는 작업시 손이 너무 뜨거워
사비를 들여 주기적으로 구매. 활동성을 위해 엄지손가락
부분은 자르고 씀.

④ 코팅 장갑

제품 카테고리: 코팅 장갑
용도 및 기능: 작업시 착용
취득 방법 및 시점: 회사 제공
소재: 면, 라텍스
이야기: 폐비닐을 고체연료화하는 SRF 작업시 가장 힘든
점은 손. 기계에서 가래떡처럼 뽑히는 고체연료는 목장갑과
코팅 장갑을 낀 채로 만져도 매우 뜨거움.

몸에 맞게 수선한
바느질 자국

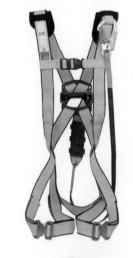

① 그네식 안전대

제품 카테고리: 프로식스 주식회사 안전그네식 1개걸이용
가격: 4~5만 원으로 추정
용도 및 기능: 작업시 착용
취득 방법 및 시점: 기능공학교에서 제공
이야기: 성인 남성을 기준으로 만들어진 안전대는
여성에게는 너무 큼. 안전대에 있는 바느질 자국은 직접 어깨
품과 길이에 맞게 접고 꿰맨 것임. 건설 현장에서 일하는
많은 여성 노동자들이 이렇게 안전장비를 직접 고쳐 씀.

② 사계절용 안전화

제품 카테고리: K2-11 사계절용 안전화
용도 및 기능: 봄, 가을에 주로 착용
취득 방법 및 시점: 회사에서 지급
규격: 235~290mm
소재: 가죽, 고무(겉창)
이야기: 회사에서는 안전화 지급 전 항상 사이즈를
물어보지만, 발에 맞는 사이즈가 지급된 적은 한 번도 없음.
가장 작은 사이즈가 235mm 이상인 경우가 많아서 깔창과
양말을 여러 겹 껴 신고 착용해야 함.

③ 여름용 안전화

제품 카테고리: 네파-204 여름용 안전화
가격: 57,000원
용도 및 기능: 여름 작업시 착용
취득 방법 및 시점: 인터넷에서 직접 구매
규격: 225mm
소재: 메시, 액션 누벅, 고무, 파일론
이야기: 회사에서 지급하는 안전화는 너무 커서 깔창 두 겹,
등산 양말 두 켤레를 착용해야 신을 수 있음. 여름에는 더위
때문에 양말을 여러 겹 신기 어려워 사이즈에 맞는 안전화를
직접 구매해서 신음.

④ 각반

제품 카테고리: 각반
용도 및 기능: 작업시 바지 걸림 방지를 위해 착용
취득 방법 및 시점: 회사에서 제공
소재: 플라스틱
이야기: 각반조차 여성들 발목에는 큰 경우가 많음. 벨크로
타입으로 된 각반의 경우 가장 끝까지 조여도 발목에서
겉돌아 안전에 위협이 되기도 함.

여성
용접사

① 용접면

제품 카테고리: 파노라마 CRETOS 용접면
가격: 46,200원
용도 및 기능: 용접면 착용시 머리카락 보호, 땀 흡수
취득 방법 및 시점: 학교에서 지급
이야기: 용접면을 쓰지 않고 용접 불빛을 바로 보면 '아다리'
(광각막염의 일종으로 눈이 따갑고 눈물 나는 증상) 맞음.
사이즈를 조절할 수 있지만 워낙 크고 무겁다 보니 갑갑함을
느낌.

② 용접앞치마

제품 카테고리: 스마토 SLA-7672 용접 앞치마
가격: 9,860원
용도 및 기능: 용접 작업시 착용
취득 방법 및 시점: 학교 지급
규격: 중형(길이 84cm x 폭 60cm), 대형(길이 115cm x
폭 60cm)
소재: 스플리트 소가죽
이야기: 너무 크고 무거움. 제대로 걸어다니기 힘들 정도로
옷에 부대낌.

③ 용접 장갑

제품 카테고리: 고급 용접특 장갑 KE77SN
가격: 6,000원
용도 및 기능: 용접 작업시 착용
취득 방법 및 시점: 학교 지급
규격: 길이 34cm x 손 넓이 13.5cm
소재: 소가죽, 캔버스 천
이야기: 사이즈 선택 불가. 용접봉 잡는 부분이 타버릴
정도로 너무 크고 많이 남음.

④ 각반

제품 카테고리: 스마토 LWS-7654 각반
가격: 4,500원
용도 및 기능: 용접 작업시 착용
취득 방법 및 시점: 학교 지급
규격: 길이 320mm x 폭 155mm
소재: 스플리트 소가죽
이야기: 큰 바지를 조여주는 역할을 해야 하지만 각반
자체도 너무 커서 그 기능을 상실. 질질 끌다시피 신고, 비
오는 날에는 더 심함.

산불재난
특수진화대원

① 진화복 상의

제품 카테고리: 진화복 상의
용도 및 기능: 난연
취득 방법 및 시점: 관리소 지급
규격: 90~115
소재: 아라미드
이야기: 진화 헬기가 공중에서 뿌리는 물을 그대로
맞음. 지급받은 진화복이 물을 다 먹는 소재다 보니
온몸이 흠뻑 젖음. 체온을 뺏길까봐 걱정되는데
갈아입기는 여의치 않아 주변에 있는 불길을 쬐곤 함.

② 안전 장갑

제품 카테고리: 소방용 안전 장갑
가격: 8만 원(한국소방공사 기준 판매가)
용도 및 기능: 화상 방지, 나뭇가지 등으로부터 찔림 방지
취득 방법 및 시점: 관리소 지급
소재: 아라미드, 폴리우레탄
이야기: 장갑을 여러 차례 바꾼 끝에 이전 관리소에서 받은
장갑을 쓰고 있음. 대원마다 착용하는 장갑이 다름. 새 방염
장갑을 제때 지급받지 못해 목장갑을 끼고 현장에 출동한
동료 대원도 있음.

③ 방독 마스크

제품 카테고리: 한국산업안전보건공단 인증필 방독 마스크
가격: 24,000원(한국소방공사 기준 판매가)
※ 신현훈씨가 별도로 사용하는 방진 마스크(활성탄소방진
2급-SM8001)는 20장에 3만 원대(온라인 판매가 기준)
용도 및 기능: 연기, 불씨로부터 호흡기 보호
취득 방법 및 시점: 관리소 지급
소재: 실리콘 등
이야기: 관리소가 지급한 전동식 마스크는 연기를 잘
걸러주지 못하고 몸에 붙이는 보조장비가 많아 산을 오르는
데 적합하지 않음. 내피가 없는 일반 마스크를 착용하면
기온이 낮은 현장에서는 마스크 안에 물기가 차 피부에
발진이 나기도 함.

④ 안전화

제품 카테고리: 안전화
용도 및 기능: 미끄러짐, 찔림 및 화상 방지
취득 방법 및 시점: 관리소 지급
소재: 메시, 가죽
이야기: 저품질의 신발을 보급받을 때는 현장에 갔다 오면
밑창이 뜯어지기도 했음. 산림청은 신발 앞부분에 선심이
박혀 있는 안전화를 지급하도록 하는데, 산을 오르내릴 때
발가락을 자극해 발톱이 빠진 대원도 있음.

급식
노동자

① 위생복 티셔츠

제품 카테고리: 위생복 티셔츠
가격: 27,600원
용도 및 기능: 작업시 착용
규격: S(55)~2XL(99)
소재: 폴리에스터 100%
이야기: 지금 일하는 학교에 처음 왔을 땐 흰색 면
조리복이었음. 젖으면 몸에 딱 달라붙고, 하얀색이어서
속옷도 색깔 있는 것은 입지 못했음. 최근 위생복을
교체하면서 아웃도어식 옷으로 교체했음.

② 방수 앞치마

제품 카테고리: 방수 앞치마
가격: 11,500~17,600원 (사이즈별로 가격이 다름)
용도 및 기능: 작업시 착용
취득 방법 및 시점: 학교에서 지급
규격: (중) 무릎/크기 900×640mm, (대) 무릎/크기
1200×900mm, (특대) 무릎/크기 1200×1200mm
소재: 우레탄, 메시
이야기: 장화를 신고 방수 앞치마를 입는데, 물기가 묻으면
장화랑 앞치마가 붙어버림. 바쁠 때는 빠른 걸음으로 걸어야
하는데 걷기가 너무 불편하고 바닥에 끌려 넘어질 위험이
있음. 앞치마를 위로 잡고 뛰어다닐 때도 있음.

③ 고무장갑

제품 카테고리: 고무장갑
가격: 15,400원(10켤레입)
용도 및 기능: 작업시 손 보호
취득 방법 및 시점: 한 달에 20켤레씩 비치 후 모자르면 추가
지급
소재: 고무
이야기: 스파게티, 볶음밥, 비빔밥 같은 메뉴를 할 때
고무장갑 안에 목장갑을 껴도 손이 다 익을 정도임.
보호장비라고 하는데 실제 보호 기능이 있는 장비는
아니라는 생각이 듦.

④ 위생화

제품 카테고리: 위생화(미끄럼방지장화)
가격: 46,000원
용도 및 기능: 미끄럼 방지, 낙하하는 물체로부터 발 보호
취득 방법 및 시점: 신학기 시작시 지급(1년에 1회)
규격: 크기 235mm, 장화높이 270mm(240mm 기준)
소재: 고무
이야기: 최근 동료가 장화 위로 칼을 떨어뜨림. 발이
이상해서 화장실에 다녀왔는데, 칼이 장화를 뚫고 발에서
피가 나고 있었음. 장화는 칼끝으로부터도 발을 보호해주지
못함. 겨울철에는 발이 시려서 뜨거운 물을 장화 위에다가
부으면서 일을 함.

글: **김한솔·김정화·박하얀**
사진: **성동훈·권도현**
데이터저널리즘(인터랙티브 콘텐츠): **박채움·이수민**
뉴콘텐츠(영상): **최유진·모진수**

김한솔 경향신문에서 취재기자로 일하고 있다. 작업복 기사를 쓴 뒤로 지나가는 사람들의 옷을 유심히 살펴보게 됐다.

김정화 경향신문에서 기자로 일하고 있다. 여성과 어린이, 청소년 이야기에 관심이 많다. 말과 글을 통해 내가 몰랐던 타인의 세상을 한 뼘 더 들여다보는 일이 좋다. 사건·사고의 홍수 속에서 비관하고 절망하지만, '그럼에도 불구하고' 인간에 대한 희망을 놓지 않는 글을 쓰고 싶다.

박하얀 질문하고 듣고 이야기를 전하는 일을 업으로 삼고 있다. 방송사를 거쳐 신문사 기자로 일하고 있다. '소외된' 존재를 조명하는 데 그치지 않고 '소외시킨' 이들, 권력의 민낯을 드러내는 작업을 이어가고 싶다. 안전한 사회를 꿈꾼다. 섣불리 희망을 이야기하기보다는 덜 절망하도록 곁을 지키는 사람이고 싶다.

성동훈 경향신문 사진부에서 일하고 있다. 작업복에 얽힌 이야기들을 시각적으로 담담하게 풀어내기 위해 고민했다. 노동하며 흘린 땀방울들이 더 나은 대우를 받길 바란다.

권도현 경향신문 사진부에서 일하고 있다. 좋은 동료들과 뜻있는 기획에 함께할 수 있어 보람됐다. 작업복 속에 담긴 치열한 노동 현장을 렌즈에 담으려 노력했다. 어려운 환경에서 일하는 모든 삶이 지금보다 나아지길 바란다.

박채움 경향신문 데이터저널리즘팀에서 인터랙티브 콘텐츠를 제작하고 있다. 기적적으로 발견되는 세상의 온기 조각들을, 코드와 데이터라는 도구를 갖고 콘텐츠로 빚는 일에 보람을 느낀다. 오래도록 한결같이 다정하고 깊은 시선을 갖겠노라 매일 새벽 다짐한다.

이수민 경향신문 데이터저널리즘팀에서 데이터 수집·분석 및 인터랙티브 제작 일을 하고 있다. 이번 기획에서는 인터랙티브 페이지 기획을 맡았다.

최유진 경향신문에서 영상을 담당한다. 사람과 이야기를 좇아 현장에서 땀내며 일하는 게 즐겁다. 우리의 매일에 작은 기쁨들이 숨어 있다 믿으며 카메라로 기록하는 삶을 산다. 작업복 기획을 만나 자신만의 규칙으로 분주히 움직이는 삶을 담을 수 있어 기뻤다.

모진수 매력적인 이야기로 사람과 사람을 연결하는 작업에 관심이 많다. 종종 그런 작업이 멋진 팀플레이로 완성되고 더 멀리 뻗어나가는 걸 볼 때 짜릿하다. 주로 영상으로 이야기를 만들고 전달한다.

프롤로그: **김한솔(글)**

1부 | 오물을 뒤집어쓰는 옷

하수처리 노동자편: **김정화(글), 성동훈(사진)**

소각처리 노동자·폐기물연료 노동자·재활용품 선별원편: **김한솔(글), 성동훈(사진)**

환경미화원편: **박하얀(글), 권도현(사진)**

2부 | 차별을 입히는 옷

여성 형틀목수편: **김한솔(글), 성동훈(사진)**

여성 용접사편: **김정화(글), 권도현(사진)**

호텔·은행·패스트푸드점 여성 직원편: **박하얀(호텔·은행 부분 글), 김정화(패스트
　　푸드점 부분 글), 성동훈(사진)**

여객기·열차 여성 승무원편: **김정화(글)**

3부 | 물불 가리지 않는 옷

산불재난특수진화대원편: **박하얀(글), 성동훈(사진)**

급식 노동자편: **김한솔(글), 성동훈·권도현(사진)**

에필로그: **김한솔(글)**

《당신의 작업복 이야기》
알라딘 독자 북펀드에 참여해주신 분들
(가나다순)

가람가정건강평화	김탁과 탁이 엄빠	손형선	정(씨)직원
강수지	김태연	송인영	정남두
개간지 호태	김하민	송찬민	정다빈
거북이제임스	김하진	신일섭	정다혜
겸다	김하율	신지이	정민기
고청산	김혜정	신현	정민주
구해솔	나비연	신환수	정정
권은숙	남들들	안은나	정지윤
권혁은	노윤주	양승훈	조동진
권현우	노진호	양지혜	주용성
김관욱	라잇디커뮤니케이션	어영선	지구 위 고양이
김도연	류후남	언니들의병원놀이	차혜림
김동조	림보책방	오영만	채채
김미선	문광호	용름버스	초등교사이승현
김민정	민아람	우새롬	최민서
김민정	바람풀	유쾌한 말미잘	최민제
김범수	박누리	이미성	최성애
김빌리	박다슬	이민정	최우진
김서울	박미소	이승주	최정은
김선아	박민지	이야기장수	최진호
김성연	박보경	이원식	최현승
김소영	박세중	이윤청	태지현
김수민	박시원	이은숙	트락타트
김수현	박지은	이이랑	하얀바라기뇸
김순남	박진희	이재학	한수빈
김완형	박현영	이정	허남설
김우영	반중현	이정석	혜주
김윤영	방울이	이하나	홍승은
김은지	백수영	이형은	홍영득
김지나	빌리기술공사	임순영	홍진표
김지수	사하라	장주영	Jen
김지연	서유진	장희진	slowpanda
김지혜	서지희	전국학비노조제주지부	
김지호	손어진	전수진	

당신의 작업복 이야기

초판 1쇄 펴낸날	2024년 5월 1일
초판 2쇄 펴낸날	2024년 8월 1일
지은이	경향신문 작업복 기획팀
펴낸이	박재영
편집	임세현·한의영
마케팅	신연경
디자인	조하늘
제작	제이오
펴낸곳	도서출판 오월의봄
주소	경기도 파주시 회동길 363-15 201호
등록	제406-2010-000111호
전화	070-7704-2131
팩스	0505-300-0518
이메일	maybook05@naver.com
트위터	@oohbom
블로그	blog.naver.com/maybook05
페이스북	facebook.com/maybook05
인스타그램	instagram.com/maybooks_05

ISBN   979-11-6873-100-4 03300

책값은 뒤표지에 있습니다. 잘못된 책은 바꾸어 드립니다.

만든 사람들

책임편집	임세현
디자인	조하늘